경주, 위기를 기회로

천국에 있는 당신, 김경희에게

이별 연습도 못 하고 당신을 떠나보낸 지 벌써 3년.
당신의 빈자리가 이렇게 절실할 줄 미처 몰랐소.

여보!
다시 한번 당신께 용서를 빕니다.
나는 당신과 혼인해놓고 일과 생활했던
참으로 바보 같은 남편이었소.

여보!
하늘에서 기도해 주어요.
당신에게 못다 한 나의 마지막 지혜와 성심성의를
당신이 나보다 더 좋아했던 경주를 위해 쓰려고 합니다.
당신이 천국에서도 손뼉 칠 멋진 고향으로 만들어 놓고
당신 곁으로 갈게요.

2018년 2월 11일 밤

당신이 늘 안타까워서 기도로 지켜주려 했던
남편 이동우

이동우와 함께하는

경주, 읽기를 기획료

이동우 지음

學而思 | 학이사

책을 펴내며

경주의 위기를 기회로 가져가는 법

3년 전, 경주에 지진이 났을 때 황성공원 아파트단지 앞
길에 서 있었다.

아파트 단지에서 쏟아져 나온 주민들은 대피할 곳을 찾아
서 우왕좌왕하면서 불안에 떨고 있었다. 차량이 밀려서 공
원 앞길은 주차장이 되었다. 필자의 바로 앞에 섰던 부부가
나누는 대화가 들렸다.

"여보, 경주를 떠나서 이사 갑시다. 불안해서 못 살겠어.
아니면 당신만 남고 아이들과 나부터 친정이 있는 대구로
이사를 가든지. 출퇴근하면서 가게를 해도 되잖아. 장사도
너무 안 되니 대구에서 하든지"

그 부인의 말대로 그 가족이 경주를 떠나갔는지 어쩐지는
모르겠다. 아무튼 이 장면은 천년고도 경주의 현주소를 선

명하게 보여주었다. 경주는 유출 도시다. 인재가 빠져나가고, 돈이 빠져나가고, 경주는 갈수록 퇴행적인 모습이다. 그러나 희망이 없는 것은 아니다.

최근 황남동의 황리단길은 젊은이들의 새로운 명소로 가능성을 보여주고 있어서 눈길을 끈다. 하지만 지속적인 콘텐츠가 나와서 "황리단길을 걸으러 경주에 꼭 가야한다."는 정도로 발전할지는 아직 장담하기 이르다. 이런 상황에서 새 정부가 느닷없이 탈원전 정책을 들고 나오는 바람에서 경주는 닭 쫓던 개 신세가 되었다. 경주는 박정희 정부의 월성원전을 시작으로 노무현 정부의 방폐장에 이르기까지, 한국의 원전산업을 지속적으로 뒷받침해온 도시다. 경주가 만약에 다른 몇몇 지역들처럼 님비현상을 보였더라면 한국은 원자력산업을 수출하는 수준으로 발전시킬 수 없었을 터이다.

경주는 원자력발전소와 방폐장이 좋아서 묵묵히 원전산업을 따라온 것이 아니다. 원자력을 기반으로 하는 과학발전과 인재육성의 메카가 되고자 해서 온갖 내부진통을 무릅쓰고 여기까지 왔다. 따라서 문재인 정부가 탈원전을 국책으로 밀어붙이기로 했다면 경주에 대해서는 마땅히 원전산업을 대체할 다른 국책산업을 밀어주어야 한다. 특히 노무현 대통령 시절 다른 지역이 꺼리던 방폐장을 압도적인 지지로 유치한 경주이지 않는가. 그렇다면 그 정부의 정통을 잇는 문재인 정부가 탈원전으로 대전환을 한다면 경주에 대해선 특별히 배려를 해달라는 것이 아니라 정당한 대체산업을 조성해야 마땅한 것이다.

경주는 국가 이익과 지역 이익 사이에서 갈등할 때 천년고도라는 자부심과 책임감 때문에 속앓이를 하면서도 국가 이익을 우선하는 전통 속에서 살아왔다. 정부는 경주를 일반 기초자치단체와 꼭 같이 취급해서는 안 된다. 마침 현 정부가 전주를 문화특별시로 지정하려는 움직임을 보이고 있다. 경주도 함께 지정해서 한민족의 민족개념이 출발한 삼한통일의 도시의 고민을 덜어주고, 역사의 가치에 걸맞은 대접을 받도록 해야 한다.

경주는 인구가 줄어서 25만 명 남짓하게 되었다. 하지만 중동의 뉴욕으로 불리는 이스탄불, 세계적으로 가장 빠른 성장을 하고 있는 베트남의 호치민과 손잡고 세계문화엑스포를 추진할 정도로 나라 밖에서는 세계문화유산으로 대접을 받는 우리나라의 유일한 지방도시다. 세계지도를 펴놓고 나라마다 도시 2개를 표시하라고 해보라. 당연히 수도를 표시할 것이고 그 다음은 세계적으로 가치를 인정받는 도시를 찍을 것이다. 이를테면 일본은 수도인 도쿄와 교토, 중국은 베이징과 시안, 터키는 앙카라와 이스탄불 이런 식일 것이다. 한국은 어떨까. 서울 다음에 부산 대구를 표시하지 않고 경주를 표시하는 세계인이 더 많을 것이다.

부산 대구는 중국의 대도시에 비하면 도시 규모에서 경쟁상대가 아니고 일본의 2대 도시인 오사카의 절반밖에 안 되니 그럴 수밖에 없을 것이다.

경주는 이처럼 국제적인 도시이자 민족역사 도시이며 동시에 도농복합 지방 중소도시이다.

경주가 이 세 가지 입지와 역할을 제대로 해내고, 시민들이 자부심에 걸맞은 행복한 도시가 되려면 경제가 잘 돌아가야 한다. 경제가 잘 안 돌아가는 경주는 '가난한 종가'처럼 자부심보다는 근심걱정만 커져서 비관적이고 퇴행적인 도시가 되기 십상이다. 과거 박정희 정부시절만 해도 경주는 보문단지를 '보불단지'라고 부를 정도로 한국 관광, 레저 리조트의 1번지였고 역사도시, 교육도시로서 위상을 뽐냈다. 그러다가 해외여행시대가 열리면서 방문객이 급감하고, 세월호 사태 이후 수학여행도 두절되고, 지진 이후 기존 주민까지 빠져나갈 조짐을 보이는 절대 위기에 놓여있다. 이 과정에서 경주는 도시 정체성을 잃어버렸고 퇴락 조짐이 완연하다.

그래도 경주는 희망이 있다. 특히 AI(인공지능)시대가 현실화되면서 천년고도의 가치와 활용성은 다시 빛을 발할 수 있는 호기가 다가오고 있다.

이런 시대적 흐름을 잡으면 경주는 부활 할 것이고, 놓치면 그리스의 망해버린 유적 도시들처럼 급격하게 인구가 줄고 그나마 있는 산업도 유출하거나 소멸할 것이다. 경주가 시대적 변환기를 잘 활용하여 일천 년 만의 부활을 성사시키기 위해서는 탈원전을 지렛대로 한 첨단국가산업발전, 교육혁신과 도시재생을 통한 인구증가와 관광객 유치를 이뤄내야 한다. 그러기 위해서는 경제를 아는 사람들이 지혜와 힘을 모아서 경주시를 이끌어야 한다. 경주는 그동안 행정관리도시로 유지됐으나 이제 한계가 드러났다. 이대로는 위기를 벗어나기 힘들다.

위기를 기회로 활용하려면 창의적인 경영자의 시대를 열어야 한다.

2018년 봄
이동우

1장

천년고도, 길을 찾다

2장

청년 일자리, 경주에서 길을 찾는다

3장

교육, 경주에서 길을 찾는다

4장

지역발전, 경주에서 길을 찾는다

5장

안보와 통일, 경주에서 길을 찾는다

6장

세상의 길을 찾는다

1장

천년고도, 길을 찾다

경주 읽기를
기회로

천년고도를 살리는 3가지 정책방향

천년고도 경주가 위기다.

지진으로 입은 외상은 치유되고 있지만 태풍까지 겹친 데다 일부 인터넷 영상 미디어들의 자극적인 과장보도로 경주가 입은 내상과 이미지 손상은 가늠하기 힘들다. 역사관광의 상징도시에서 재난 도시의 전형처럼 되어버린 경주는 혼미하다. 경주의 위기는 단순히 한 지자체가 힘들어졌다는 의미와는 차원이 전혀 다르다. 한때 경주는 삼국통일로 최초의 민족국가를 이룩한 '성지'로 대접받았다. 그랬던 경주가 한국이 선진국 문턱까지 발전하는 지난 30여 년간 뒷전에 밀려나 있었다.

정권이 교체되고 이념이 격변하는 과정에서 심지어 일각에서는 '외세와 손잡은 부분 통일' 이라는 식으로 통일신라에 대한 역사적 가치 해석까지 평가절하되기도 했다. 이렇듯 퇴락한 종가 같았던 경주가 지진과 태풍까지 덮치면서 기진맥진해졌다.

이번에는 경주의 외형적인 복구에만 그쳐서는 안 된다. 경주의 가치에 맞게 제대로 복원하고 위상을 재정립하는 종합적인 정책을 세우고 실행에 옮겨야 한다. 무너진 한옥 담장과 기왓장 보수와 관광 캠페인 정도에 만족해서는 경주의 장래는 담보하기 힘들고 그것은 단지 경주의 문제로 그치지 않는다.

이 땅에 처음으로 통일국가를 이룩한 세계사적으로도 드문 천년고도가 갖는 가치와 자부심을 종합적으로 복원하는 것은 대한민국의 정체성 확립과 향후 남북통일의 역사적 주체 확립에까지 닿아있는 중차대한 일이다. 경주에 대한 국민과 언론의 관심이 모처럼 높아진 지금이 호기다. 이를 구현하기 위해서는 정치적 슬로건이나 다짐이 아닌 현재 정부에서 추진하고 있는 정책들 중에서 경주에 적용 가능한 것을 종합적으로 채택하는 실용적이고 구체적인 정책추진이 핵심이다.

우선, 현재 국회에 계류 중인 규제개혁 프리존법이 성사되면 경주를 대상에 포함시켜야 한다. 이 법을 활용해서 경주를 제주도처럼 관광 관련 업종은 물론 경주에 어울리는 첨단친환경 신종산업들이 꽃 피울 터전을 마련해야 한다. 제주도의 경우 내국인까지 출입이 가능한 면세점을 허용, 국내외 관광객들에게 큰 매력을 더했던 성공 사례가 있다.

둘째, 경주를 문화재 보존 차원으로만 접근해서는 안 된다. 경주는 문화재뿐만 아니라 각종 건축까지 사사건건 중앙으로부터 간섭을 받아왔다. 경주 못지않게 유네스코 세계유산이 많은 서울에 대해서는 경복궁 앞 정부청사에서부터 종묘 인근 등에 빌딩과 오피스텔 고층건축을 수십 채씩 눈감아 온 중앙의 전문가들이 경주에 대해선 서릿발 같은 잣대를 적용해 왔다.

경주에 대해 서울처럼 규제완화를 하자는 것이 아니다. 경주 전체를 놓고 '보존과 활용, 개발과 규제 및 관리'의 조화를 이룬 종합적이고 구체적인 계획과 예산 스케줄을 확고히 담보할 수 있는 관련 특별법을 하루빨리 만들고 중앙정부와 지자체가 머리를 맞대고 실천에 옮겨야 한다. 경주는 지자체가 전적으로 혼자 감당하기에는 너무 벅차다. 이를 통해 천년고도의 역사·문화적 가치를 오늘에 되살려

통일정신의 산실과 우리 문화에 기반한 문화융성과 창조경제의 3마리 토끼를 잡는 베이스캠프로 활용해야 한다.

셋째, 문화유산 관광도시에 머물러온 경주가 살아있는 역사교육의 산실이 되도록 해야 한다. 마침 교육부가 추진 중인 국정교과서에 이를 반영해야 한다. '지금 한반도에 사는 우리가 한 민족이라는 생각을 심은 계기가 신라통일이고 지금 통일을 염원하는 뿌리도 여기에서 있다.' 는 것을 가르쳐야 한다. 이를 통해 남북통일을 대한민국이 주도해야 하는 역사적 당위성에 대한 인식이 청소년들부터 확고해질 때 통일이 앞당겨지는 것이다.

지방을 발전시킬 절호의 기회

지역균형발전은 영원히 도달할 수 없는 신기루인가?

어느 정부이건 이 문제를 선거공약에 빼놓은 적이 없었다. 노무현 정부는 수도 이전까지 추진했고 혁신도시를 만들어 공기업 지방 이전을 실행했다. 이명박 정부의 4대강 사업도 단순한 수자원 확보 사업이 아니라 물길을 따라 지방에 새로운 발전 동력을 불어넣는 것이 장기 목표였다. 전 정부가 신공항 불씨를 되살렸던 것도 역대 정부가 추진해 온 각종 지역발전 사업들이 정권이 바뀌면서 지지부진해진 탓에 다시 꺼냈던 고육책에 가까웠다. 역대 정부가 나름대로 노력을 해왔다. 하지만 정치적인 약속과 주민의 기대 눈높이에 비해 실적은 한참 미달이라는 데 문제의 심각성이 있다.

우리 경제가 잘나갈 때도 수도권 콤플렉스로 주눅이 들어왔던 지방은 나라 경제가 사실상 제로성장에 빠져들자 '멘붕' 상태다. 지역균형발전 문제는 수도권과 비수도권을 서로 '대척' 관계 내지는 '제로섬' 게임으로 접근하면 영원히 풀리지 않는다. 서울과 지방이 역할 분담을 하고 융복합을 해야 지방이 서울을 앞서는 분야가 나오고 특화 발전하는 분야가 나올 수 있다. 하지만 이론일 뿐이고 그동안 현실은 달랐다. 서울과 지방이 역할 분담과 서로 '윈윈' 할 구체적인 수단과 방법이 없었고, 이로 인해 경제개발이 시작된 이후 '서울일극 집중발전' 을 거듭해왔다. 이제 첨단기술 발전으로 서울과 지방이 서로 '윈윈' 할 수 있는 수단이 생겼다. 고속철의 기술혁신이 그것이다. 이로써 수도권과 비수도권이라는 개념을 뛰어넘는 21세기에 맞는 새로운 지역발전 개념을 구체화할 수 있게 됐다.

우리 기술로 시속 430㎞ 고속철(해무)이 개발됐다. 하지만 기존고속철(시속 300㎞)의 철로를 시속 430㎞에 맞게 교체해야 하는 예산 문제 때문에 늦어지고 있다. 지방이 다 같이 촉구해서 새 고속철 운행을 앞당겨야 한다. 이 신형고속철

이면 서울~부산 1시간30분, 서울~대구는 1시간 남짓 걸린다.이렇게 되면 전국이 완벽한 반나절 생활권으로 좁혀진다. 나라 전체가 '하나의 도시'가 된다. 수도권, 비수도권의 개념이 사라진다. '서울과 지방'이라는 이분법적 발전 개념에서 '전국의 서울화'와 '서울의 지방화'라는 '융복합' 발전 개념으로 바뀌는 것이다. 430㎞ 고속철 시대에는 좁은 국토가 축복이다. 어떤 나라도 흉내 낼 수 없는 최고의 국가경쟁력이다. 수도 서울이 환상형環狀形 지하철 2호선을 따라 도심과 부도심들이 발전해온 것처럼 서울, 대전, 대구, 부산, 목포, 광주를 연결하는 국토환상 고속철을 따라 나라 전체가 '하나의 도시'로 연계된다.

고속철로 인해 지방의 서비스 수요가 서울로 빨려 들어가는 '빨대 현상'을 걱정하기도 하지만 단기간의 부작용으로 그치거나 아예 기우일 것이다. 서울도 지하철 2호선 환상선이 놓이면 서울 중의 서울이라는 명동상권만 살아남고 나머지 상권은 죽는다는 괴담이 떠돌았지만 2호선을 따라 부도심들의 특화발전이 오히려 촉진됐다.

국토 환상형 고속철도망이 완성되면 지방 거점도시들이 서울의 부도심처럼 될 것이다. 서울이 명동이라면 대전은 신촌, 대구는 강남, 부산은 잠실, 목포는 신도림 지하철 상

권처럼 고속철 역사를 중심으로 반나절 지역거점들이 형성
돼 특화 발전할 것이다. 이들 지역거점을 중심으로 지역별
중소도시와 농어촌들의 실핏줄 발전 연계망이 만들어질 것
이다. 고속철 반나절 생활권으로 전 국토를 하나의 도시로
묶을 수 있는 나라는 한국뿐이다. 고속철 대국인 프랑스,
중국, 일본도 한 개 도시로의 통합은 불가능하다.

　일본은 긴 국토의 불리함을 극복하고자 아베 정부가 "시
속 602㎞ 신형 리니어 고속철로 '경제 재부흥'을 한다."는
기치 아래 상용서비스를 앞당기기 위해 총력전을 펴고 있
다. 우리는 작은 국토의 장점을 최대한 살려서 세계 최초로
전 국토의 단일도시화를 구현해야 한다. 이것만 되면 지방
과 서울의 분간이 없어질 것이고 건국 이래 염원인 지역균
형발전이 구현될 것이다.

지방도시를 살리는 평범한 비법

산업발전 초기 경제제일주의를 국책으로 걸었던 정부는 수도권 중심의 성장 정책을 추구했다.

당시 턱없이 부족했던 국가재원을 효율적으로 활용하기 위해서는 이 방법뿐이었다. 이 방식으로 국가는 성공했지만 지방, 특히 중소도시는 골병이 들었다. 지방 중도시의 고질병은 나라 경제가 세계 10위권에 접어들고 권위주의 정부가 끝난 지 오래되었지만 아직도 해결되기는커녕 더욱 심각해지고 있다.

지방의 근본 문제는 무엇이며 책임은 어디에 있는 것일까. 이것을 알아내면 문제가 풀린다. 지방의 가장 큰 문제는 서울 흉내를 내는 것이다.

우리가 매일 살아가는 주거공간부터 생각해 보자. 이를테면 서울에서는 초고층 주상복합아파트의 문제점이 드러나서 옛날식 아파트의 장점을 접목시킨 새로운 디자인이 나오고 있는데도 지방은 한물간 전 방식으로 서울에서 이미 드러난 문제점을 고치지 않고 짓는다. 그러다 보니 지방 중소도시는 갈수록 서울에 못 미치는 보잘것없는 수준으로 뒤처져간다.

서울은 아파트 층고를 최대한 높이는 대신 동간 간격을 넓혀서 입주민의 시야를 넓혀주고 바람 소통까지 원활하게 하면서 도시 경관의 랜드 마크로 활용하는 것이 아파트 동 배치의 상식이 된 지 오래되었다. 이런데도 지방 도농복합도시 중소도시에서는 아직도 병풍처럼 둘러쳐서 답답하고 볼품없는 아파트들이 올라가고 있는 실정이다.

전원도시에 이런 한물간 서울 모델을 되풀이한 결과 지방의 아파트는 완공 직후부터 가치가 곧바로 떨어지게 마련이다.

지방이 이 지경이 되는데 일차적인 책임은 서울에서 지방을 상대로 사업을 하는 기업들에 있다. 이들은 지방의 고유한 가치를 연구하는데 전혀 투자를 하지 않고, 지방도시를 값싼 '땡처리 시장'으로 간주하고 장사를 하고 있다. 건설 회사에서부터 의류패션 업체에 이르기까지 지방의 고유한 가치를 연구해서 독특한 모델을 만들 생각을 하지 않는다.

기업들은 서울용으로 만든 모델로 서울에서는 소비자 구미에 맞는 마케팅을 제대로 하지만 지방에서는 서울에서는 더 이상 통하지 않게 된 낡은 모델을 값 적용해서 지방에서 '싸구려 눈속임' 마케팅을 일삼고 있다.

이들은 지방 사람들이 서울 따라 하기를 좋아하지만 최신 정보가 늦은 허점을 파고들어서 심지어 실패한 모델을 지방에서 눈가림해서 팔아먹는 짓을 계속하고 있다. 기업들은 원가를 줄이기 위해 지방연구를 하지 않고 서울 퇴물 팔아치우기에 골몰하고 있다.

그 결과 지방은 아파트에서부터 패션에 이르기까지 서울에서 예전에 없어졌거나 실패한 것으로 치부되는 것이 버젓이 현재 진행형으로 자행되고 있는 것이다.

이웃 일본은 물론이고 중국이나 신흥국인 베트남도 우리나라처럼 지방이 서울의 실패작인 퇴물을 답습하지는 않는다. 지방이 뒤쳐질 수밖에 없는 또 다른 이유는 지방 스스로에 있다. 기업들이 지방을 만만히 보고 서울에서 뽑아먹을 대로 뽑아먹은 퇴물을 가져와서 장사를 하려고 하더라도 인허가권을 시청에서 수준 높은 기준을 적용해서 요구하면 상황이 달라지게 마련이다.

지방이 살아있는 영국, 일본, 스위스 같은 나라의 중소도시들은 시청은 물론 특히 지방대학들을 비롯한 학계와 시민단체 등이 기업들의 어설픈 서울 답습을 용인하지 않는다. 그 결과 일본 교토는 바로 인근의 오사카나 수도인 도쿄와는 전혀 다른 경관과 디자인과 도시 분위기를 만들어내는데 성공하고 있는 것이다.

영국의 아름다운 전원도시나 스위스의 산악소도시의 매력은 이래서 가능해진 것이다.

경주, 위기를 기회로

지진으로 천년고도 경주가 전대미문의 위기다. 지진 전에
도 경주는 늙은 어머니처럼 지쳐있었다. 세월호 사태 때만
해도 경주는 엉뚱하게 피해를 입었다. 사후대책으로 사실
상 숙박하는 수학여행을 금하다시피 하면서 신혼여행객이
거들떠보지도 않게 된 경주를 겨우 메워주던 학생들의 수
학여행마저 반 토막 나버렸다.

메르스 사태 때도 경주에 환자지정병원이 선정되는 바람
에 여름휴가 기피지가 됐다. 이는 최근의 일과성 사례에 불
과하다.

경주는 박정희 대통령 이후 30여 년간 내리막길을 걸었

다. 그 전까지 경주는 삼국통일로 이 땅에 최초의 민족국가를 이룩한 '성지'처럼 대접받았다.

수학여행과 신혼여행의 메카로 각광받았다. 그랬던 경주가 그 이후 정권들이 교체되고 남북관계 변화 등 정치 환경과 이념의 격변 속에서 일각에서는 '외세와 손잡은 통일'이라는 식으로 통일신라에 대한 역사 평가가 폄훼됐다.

경주는 이렇게 외면 받으면서도 유네스코 세계유산도시로 선정돼 규제는 오히려 강화됐다. 문화재 복원에서부터 각종 건축까지 사사건건 문화재 전문가들을 비롯한 중앙으로부터 간섭을 받아왔다.

경주에 사는 사람들은 납득하기 어려웠다. 경주 못지않게 유네스코 세계유산이 많은 서울을 보면 더욱 그랬다. 경복궁 앞 정부청사에서부터 종묘 인근 등에 빌딩과 오피스텔 등 고층 건축을 수십 채씩 눈감아온 전문가들이 경주에 대해서는 추상같은 잣대를 적용하고 있다. 설사 이들의 지적이 이론적으로 옳다고 하더라도 경주에 사는 사람들의 눈에는 차별하는 것이다.

경주의 유적만 보고 경주에 사는 사람들은 가볍게 여기는 것으로 비쳐질 수밖에 없다. 세월호나 메르스 때 보듯이 경주시민의 생활과 지역 경제에 미칠 영향을 평소에는 배려하지 않다가 문화재 문제만 놓고 엄한 시어머니 역할을 하는 것이다. 마치 '추석 때 고향은 찾지 않고 해외여행 가면서 힘들게 고향 지키는 종손에게는 차례를 너무 간소화하지 말고 전통예법에 어긋남 없이 하라.' 고 주문하는 꼴이다.

밖의 시각만 강조되어온 경주를 지진을 계기로 내재적 시각을 가미해서 종합적으로 보고, 대책을 마련할 때 천년 고도가 처한 '위기를 기회로' 만들 수 있다. 우선, 언론의 협조가 절실하다. 지진 이후 일부 TV 방송의 호들갑 떠는 보도로 상당기간 회복하기 힘든 이미지 손상을 입었다. 학문적으로 확실하지도 않은 일본 구마모토 대지진 여파라든가, 김정은의 핵실험 영향 같은 보도를 접한 전국의 시청자들에게 경주가 어떻게 인식되었을지 걱정이 크다.

지진 대응에 세계 최고인 일본은 방송을 이렇게 하지 않는다. 재난 도시에 살고 있는 사람과 지역 경제를 배려하기 때문이다. 일부 방송 보도 태도만 개선되어도 당장 큰 보탬이다. 둘째, 서울 같은 대도시에서 시민운동으로 '경주방문운동' 이 펼쳐지도록 언론과 정부가 분위기를 조성하는 것도 긴요하다. 셋째, 경주에 대한 문화재전문가들의 지적에만 의존하지 말고 경주 전체에 대한 '보존과 활용, 개발과 규제 및 관리'의 조화를 이룬 종합적이고 구체적인 계획과 예산 스케줄을 확고히 담보할 수 있는 '세계유산도시 특별법'을 만들어 비슷한 처지의 부여, 안동 등 다른 도시와 함께 적용해야 한다. 이를 통해 수십 년간 '안 된다'는 분위기에 찌들어 온 경주의 앞날에 대한 구체적인 비전을 줘야 한다. 넷째, 더 근본적인 것은 경주를 문화유산으로만 보지 않고 역사교육의 산실로 청소년이 인식하도록 역사교과서에 천년고도의 가치를 제대로 반영하는 것이다. '지금 한반도에 사는 우리가 한 민족이라는 생각을 심은 계기가 신라통일이고 지금 통일을 염원하는 뿌리도 여기에 있다.'는 것을 분명하게 가르쳐야 한다. 끝으로, 가장 중요한 것은 경주 스스로가 변하는 것이다. 재난극복을 위해 똘똘 뭉쳐서 방문객이 다시 오도록 친절·감사운동 등을 실천해야 한다. 출향인도 동참하고 경주를 사랑하는 외지인도 참여하도록 경주인들이 열린 마음으로 솔선수범해야 한다.

동남권 공항, 네트워크 공항이 답이다

　과거 인천공항을 지을 때도 지역 선정을 놓고 지금 못지
않게 요란했다.

　당시 모 언론에서 특파원을 통해서 미국의 지역발전전문
연구소에 '어느 곳에 신공항을 건설하는 것이 국가 발전에
좋은지' 현지 취재를 한 적이 있었다.

　미국 연구원의 답변이 실로 걸작이었다.

　" '사우스 코리아' 아무 데나 신공항을 지어도 문제없다.
고속도로로 빨리 달리면 4시간이면 끝에서 끝까지 가는 손
바닥만 한 국토를 놓고 어디가 유리한지 설왕설래할 필요
가 없다. 어디에 신공항을 지어도 차이가 없다." 세종시로

수도를 옮기려는 시도가 있었을 때 에피소드도 비슷한 맥락으로, 기억이 새롭다. 중국에 유학 중인 한국 학생에게 중국 학생이 이렇게 물었다.

"너희 나라가 수도를 옮기는 문제를 놓고 하도 시끌벅적하기에 지도를 놓고 서울과 새 수도 후보지를 보니 도무지 이해가 되지 않는다. 고속도로로 2시간 걸리는 거리인데 왜 천도를 해야 하는지 납득이 되지 않는다."

한국 유학생은 실소를 금치 못하면서 '지역균형발전 논리'로 설명해 주었지만 그 중국 학생은 끝내 납득하지 못했다고 한다. 동남권 공항을 놓고 가덕도냐 밀양이냐를 놓고 난리다. 부산 대구 사람들이 군중집회를 하고 지역발전의 명운이 갈리는 것처럼 벌집 쑤셔놓은 듯하다.

동남권 공항 입지와 지역발전의 상관관계는 '미신'이다. 밀양과 가덕도 사이 거리가 대략 50㎞. 고속도로로 달리면 30분, 고속철도(시속 300㎞)는 10분. 앞으로 투입될 신형 해무 고속철(시속 430㎞)과 일본에서 개발된 자기부상 고속철(시속 603㎞)을 대입시켜 보면 가덕도냐 밀양이냐를 놓고 대구와 부산이 앞날이 결단날 것처럼 난리 법석을 떠는 것은 '미신'일 뿐이다. 동남권 공항은 육상교통의 기술발전과 동시에 생각해보면 전혀 다른 해답이 나온다. 먼 훗날 얘기가 아니고 이미 개발되어 있는 기술과 융복합적 사고를 조금만 발휘해보면 금방 알 수 있는 간단한 일이다.

동남권 공항은 가덕도도 밀양도 아니다. 기존의 부산(김해), 울산, 포항 동남권에 있는 3공항을 활용하는 것이다. 기존의 김해공항, 울산 공항, 포항 공항을 육상교통과 효율적으로 연계하여 동남권 공항으로 운영하면 해결된다. 김해울산포항 공항 거리가 각각 대략 50㎞. 부산 대구 지역에서 고속도로와 철도망을 조금만 정비하면 지금 개발된 기술로도 얼마든지 동남권 신공항 효과가 난다. 부산 사람들이 울산공항과 포항공항까지 가는데 1시간대에 가능하고, 대구도 마찬가지다. 대구포항, 포항부산, 대구울산, 부산의 기존 고속도로를 기술적으로 보강해서 독일 고속도로 수준인 시속 120~130㎞로 높이면 김해＋울산＋포항 공항을 '동남권 공항'으로 활용하는데 손색이 없다.

국토교통부에서 발표한 2025년까지 제3차 국가철도망구축계획에 반영하여 고속철도망을 추가하면 김해·울산·포항 공항은 30분대에 서로 연계 운영이 가능해진다. 세계적인 항공교통의 요람인 런던도 히드로, 개트윅, 스탠스테드, 루터 시티, 사우스엔드 6곳의 크고 작은 공항네트워크로 되어 있다. 이렇게 하면 전세기 중소형기 등으로 공항의 특화

발전과 연계운영을 통해 시너지 효과가 단일 초대형 신공항보다 더 나을 수 있다. 항공교통의 추세도 대규모 가덕도 밀양 방식이 아니라 '김해+울산+포항'을 연결하는 '네트워크 공항'이 정답이다. 앞으로 비행기 수요는 30~50인승 승합버스 같은 항공수요가 빠른 성장을 보이게 되어 있다. 부산, 울산, 포항에서 중소형비행기로 일본이나 중국, 동남아를 오가는 항공수요가 항공시장의 블루오션이다. 이런 수요에 대응하기 위해선 기존의 인천공항 같은 허브 공항 방식보다 여러 도시들이 이용하기 편리한 중소규모 공항들의 네트워크가 경쟁력이 훨씬 높다. '김해+울산+포항' 네트워크 공항을 위해서 육상교통체계를 혁신하면 포항, 울산, 부산, 대구의 지역연계발전이 혁명적으로 이룩되는 부수효과가 엄청날 것이다. 이렇게 되면 동남권은 수도권보다 더 비약적인 발전을 할 것이다.

1997년(IMF)보다 힘든 이유와 유일한 해법

한국이 1997년 외환위기 때보다 더 힘든 상황인가 아닌가를 놓고 논란이 일고 있다. 현재 상황만 멈춰 세워 놓고 보면 외환위기 때보다는 낫다는 진단이 맞다. 우선 외환보유고가 1997년 외환위기 때와는 비교가 안 될 정도로 든든하기 때문이다. 또한 무역이 흑자이기 때문에 언뜻 보기에 한국경제는 좋아 보인다. 하지만 무역흑자가 수출증가세보다는 장기 저유가추세와 수입증가세의 둔화에서 비롯된 전형적인 축소지향 무역흑자라는 점을 고려하면 상황진단은 달라진다.

무엇보다 조선을 비롯한 대형 해외수주사업들이 중국에

밀려서 조선소 도크가 텅텅 비었다는 것은 지금의 무역흑자가 끝물이라는 것을 의미한다. 이 같은 수치적인 상황보다 더욱 암울한 것은 1997년과는 한국의 경제구조와 사회구조가 판이해졌다는데 있다.

1997년 이전까지 한국은 종신고용과 완전고용이 보장되는 사회였기 때문에 외환위기가 닥쳤을 때 국민들의 공동체의식이 살아 있었다. 그 덕분에 장롱 속의 돌반지를 내놓는, 세계가 놀란 결집력으로 위기를 극복할 수 있었다.

이제 상황이 완전히 달라졌다. 외환위기 이후 한국사회는 다시 예전으로 돌아가지 못하고 끝없는 이전투구 사회로 변질되고 말았다. 노사투쟁을 넘어서 급기야 세대 간에도 다투는 정글의 사회가 되고 말았다.

외환위기 당시에는 정부 관료들부터 'IMF(국제통화기금) 조기 졸업'을 통해 명예회복을 하고야 만다는 결의에 차 있었고, 실제 그렇게 해 냈다. 하지만 20년이 지난 지금 서울과 세종시를 오가는데도 파김치가 된 정부 관료들에게서 외환위기 때와 같은 결기를 찾아보기는 힘들다.

재계는 어떤가. 외환위기 당시만 해도 이건희 삼성 회장을 필두로 '위기를 기회로' 바꾸는 영웅들이 살아있었지만 지금 2세, 3세들은 대부분 수성하는데 급급한 안쓰러운 모습들이다.

재계뿐만 아니라 학원재단 등 민간부문의 아직 살아있는 창업총수들은 신격호 롯데 회장의 경우처럼 명예로운 퇴진 경영(?)에 실패한 나머지 평생의 업적을 막판에 다 털고 가는 추태를 연출하고 있다. 이들에게 중국의 굴기와 일본의 재도전에 예전과 같은 선전을 기대하기는 힘들다. 차세대도 기대하기 힘들기는 마찬가지다.

외환위기 때 중고교생으로, 당시 아버지와 삼촌들이 직장에서 퇴출당해서 불행한 조기 은퇴의 삶을 사는 것을 지켜보면서 대학을 다니고 사회에 진출한 장년층은 '오로지 생존 본능뿐' 다른 여념이 없다.

이들의 다음 세대인 신세대들은 할아버지 세대와 아버지 세대로부터 물려받는 창조적 도전적 DNA가 거의 없는 처음부터 '캥거루족'들로 태어났다. 이들은 독립된 가장으로 세상에 나설 의지도 용기도 없기 때문에 부모가 여유가 있는 '금수저'가 최상의 인생이고, 그런 행운이 없으면 아버지의 연금에 기대서라도 기생하는 생활에 익숙한 채 결혼도 출산도 관심 밖이다.

아들과 손자세대가 이렇다보니 노년세대는 은퇴를 하고 싶어도 못하고 아들과 손자까지 돌보느라 한사코 정년 연장에 매달리는 추태를 연출하고 있다.

공동체와 이웃을 돌보겠다고 선서한 선출직 인사들까지도 대부분 '생존형 아니면 정년연장형'으로 전락하는 희비극이 벌어지고 있다. 오죽하면 국회의원이 특수활동비를 자식 유학비로 유용했다가 사과하는 촌극이 빚어지는 현실이다. 1997년 외환위기 이후 한국은 신자유주의를 넘어서 독일이나 네덜란드처럼 '유연한 공존의 사회'를 만들어야 했는데 실패했다. 국론 결집보다는 분열이 본질이고 결집보다는 분열에 이골이 난 작금의 풍토에 비추어 볼 때 앞으로 무슨 일이 닥칠지는 생각하는 것이 겁이 날 정도다.

정책적으로 대비할 '골든타임'은 지났다. 마지막 남은 길은 다음 총선에서 '각 분야 인재들의 총동원 체제'를 갖추는 것뿐이지만 '천우신조'가 있어야 가능해 보인다.

나라의 장래가 참 걱정이다.

김영란법, 생활과 경제의 활력소로 만드는 법

이 법의 시행에 부정적인 시각은 대략 두 갈래로 모아진다. 하나는 사회적인 만남을 꺼리면서 가뜩이나 소통이 잘되지 않는 한국사회가 화석화된다는 것이고, 또 하나는 소비가 위축되어 힘든 경제가 더 힘들어진다는 논리다. 설사 두 가지 논리가 다 맞다 하더라도 지금 와서 이런 얘기를 하면 무엇 하나. 분명한 소신을 갖고 저지하지도 못했으면서 이왕 시행에 들어간 법을 놓고 부정적인 면만 부각시키는 뒷북을 쳐 보았자, 기회주의적으로 비춰질 뿐이다.

지금은 부작용을 최소화하고 조기적응과 정착을 위해 고민하고 실행에 옮길 시점이다. 무엇보다 논리적으로나 현실적으로 설익은 부정적인 얘기는 그만해야 한다.

우선 김영란법으로 소비가 위축된다는 것은 논리 비약이 심하다. 도심 호텔 같은 데 단기적으로 적용될 뿐이다. 경제학적으로 소비라는 것은 쉽게 줄어들지 않는 속성을 갖고 있다. 이를테면 소득이 줄어도 씀씀이는 소득만큼 줄어들기 힘들다는 얘기이다. 하물며 김영란법 시행으로 사교나 접대를 하기 힘든 상황이 되었다고 해서 그렇게 쓰인 돈이 저축으로 가거나 사장되지는 않는다.

이 법을 신경 쓸 필요가 없는 가족·친지들과의 외식에 쓰거나 다른 개인소비활동을 하는 데 쓰게 마련인 것이다. 이를테면 저녁 외식이 많았던 대기업 홍보실의 신세대 직원들의 경우, 이 법의 시행으로 저녁 시간을 개인적으로 활용하게 되면서 다이어트로 체육관을 찾거나 주중 데이트를 즐기게 되었다고 보도되고 있다.

이 바람에 호텔이나 고급 음식점은 한산하지만 극장이 주중에도 붐빈다고 한다. 어학원도 주중 수강생이 늘어나면서 매출이 늘어날 조짐이다. 이처럼 이 법의 시행으로 시내 고급음식점과 호텔의 매출이 떨어진 것은 맞지만 가족이나 친지, 친구들 모임을 대상으로 하는 주택가 음식점은 장기적으로 좋아질 조짐이다.

어차피 호텔 예식 같은 큰 결혼식은 점차 사양길에 접어들고 있다. 부모님 잔치는 호텔예식보다는 당사자들의 파티로 분위기 좋은 음식점이나 레스토랑에서 하는 '작은 예식'을 선호하는 추세가 이미 시작된 터다.

이 법은 작은 예식을 확산시키고 '예식업 겸용 레스토랑' 투자를 촉진할 것이 틀림없다. 이미 발 빠른 투자자들은 경관이 좋은 곳에 이런 장사할 곳을 찾고 있고, 예식장 겸용으로 리모델링하는 음식점이 늘고 있다.

그동안 저녁 식사나 모임을 하루 저녁에 심할 때는 두 차례씩 하고 주말도 없이 지내온 선출직의 아내와 자녀들은 아버지를 찾았다고 환호한다는 소식도 들린다. 이런 식으로 가족 식사가 늘어나게 되고 동네음식점과 동네상권이 혜택을 보게 되는 것이다.

이 법의 시행으로 해외소비가 늘어난다는 비관론도 있지만 이 역시 길게 보면 다르게 전개될 수 있다. 장기적으로 '더치페이' 문화가 정착되면 그동안 이런저런 눈치 보느라 동남아 골프 여행 나갔던 사람들도 국내에서 떳떳하게 치게 되고 그렇게 정착되면 골프비도 대중요금으로 낮아져서 골프대중화시대를 앞당길 수 있다.

이미 시행에 들어간 법을 놓고 어차피 충격을 받을 수밖에 없는 도심 호텔 영업이나 기성세대의 사교모임 같은 데 초점을 맞춰서 부정적인 얘기를 되풀이하는 것은 아무런 도움이 안 된다. 이 법을 계기로 그동안 못해온 일상의 개인행복지수를 높일 수 있는 것을 실행에 옮겨 생활의 활력소로 활용하는 지혜를 발휘할 시점이다.

언론이나 대학들도 '더치페이 시대 개인 삶의 질 높이기 강좌'나 '상권변화에 따른 부동산 시장 변화, 자영업투자 교실' 같은 실용적인 데 눈을 돌릴 때다. 이런 법의 성격상 부정적인 면을 부각시키는 것은 백해무익한 반면, 긍정적인 면을 촉진하면 개인생활은 물론 우리 경제의 새로운 활력소가 될 수 있다.

2장

|

청년 일자리,
경주에서 길을 찾는다

경주, 위기를
기회로

베트남-경주 세계문화엑스포와
해외 청년 일자리

베트남의 경제수도 호찌민에서 사전 행사까지 한 달간 펼쳐진 경주세계문화엑스포의 소득은 한두 가지가 아니다.

우선 지방이 중앙을 거치지 않고 세계로 바로 나가서 국가브랜드를 높이고 경제관계 일변도로 발전해온 한국과 베트남의 관계를 성숙단계로 격상시킨 것이 돋보이는 성과이다. 문화 분권의 모범적인 사례로 평가될 수 있을 터이고 경제적 이해관계에 머물러 있던 양국의 관계를 인류의 보편적인 가치인 문화를 함께 만들고 교감하여 격상시킨 것은 국제교류의 가장 높은 가치를 구현한 것이다.

문화교류도 K팝으로 대표되는 현대한국문화 콘텐츠 중

심에서 벗어나 신라 천년의 고대문화와 조선 500년의 유교 전통문화를 중심으로 전개되었다는 것은 해외문화전의 새 지평을 연 것으로 자부할 만하다. 특히 한-베트남 수교 25주 년에 맞춰서 경주세계문화엑스포를 개최함으로써 한국이 진정한 친구의 나라이며, 속 깊은 민족이라는 것을 베트남 사람들이 알게 된 것도 큰 성과라 할만하다.

이 같은 여러 가지 성취 중에서도 가장 돋보이는 것은 베트남과의 문화교류를 하는 과정에서 해외청년 일자리를 마련하는 기회의 장이 열렸다는 사실이다.

경주세계문화엑스포는 경주의 정보고등학교와 함께 베트남에 진출한 한국기업들에 10명의 학생을 시범적으로 취업시키는 한편 한 달간 행사 기간 중에 이들 학생들이 베트남 관람객들을 상대로 안내 도우미 등 봉사활동을 하는 프로그램을 운영했다.

학생들은 베트남-경주세계문화엑스포에 앞서 베트남 말을 특별수업을 통해서 기초를 익히고 취업에 임했다. 베트남에 진출한 우리 기업들은 현지 인력의 수준에 만족을 못하고 있었던 터였고, 우리 학생들은 국내에서 일자리를 구하기가 갈수록 힘들어지는 상황이 서로를 맺어지게 된 요인이 되었다.

우리 학생들은 베트남의 한국기업들이 기대하는 눈높이에 맞는 훈련을 국내에서 받고 취업하는 만큼 현지 인력보다는 높은 임금을 받는 조건으로 취업하였다. 학생들은 신입이지만 대리로 취업을 했고 임금은 한국에서보다는 낮지만 베트남 현지인 보다는 높게 책정됨으로써 기업도 학생도 만족하는 접점을 찾을 수 있었다.

베트남에만 한국기업이 4000개가 넘게 진출해 있다. 베트남뿐만 아니고 중국의 사드 보복으로 밀려난 중국 진출 한국기업들도 국내로 되돌아오기보다는 베트남을 비롯한 인도네시아, 스리랑카 등 동남아와 남아시아 심지어 아프리카 등지로 가고 있는 것이 현실이다.

국내에는 연구개발과 디자인 등 첨단 고부가가치 일거리만 남고 평범한 일자리는 해외로 나가는 기업이 늘어나면서 갈수록 줄어들고 있다. 이로 인해 정부가 공무원 일자리를 늘려 청년취업 긴급대책을 세우고 있을 정도로 청년취업은 국가적인 고민거리가 된 지 오래 되었다.

그동안 기업들이 해외로 썰물처럼 나가는데 비해 해외에서 일자리를 찾는 노력은 정책적으로나 개인적으로나 게을

리 해온 것이 사실이다. 기업이 밖으로 나가면 사람도 같이 나가는 것이 당연하다. 그런데도 불구하고 국내 임금이 워낙 높기 때문에 청년들이 웬만한 해외 일자리에 만족 못 한 나머지 외면해 왔다.

이 요인 외에도 일자리를 찾아서 해외로 진출하려는 진취적인 정신이 신세대 젊은이들에게 부족한 것도 해외취업이 부진한 요인으로 작용해 왔다. 그런 점에서 이번에 베트남 호찌민 - 경주세계문화엑스포를 통해서 선진국이 아닌 신흥국에서 우리 청년들이 취업하는 새로운 모델을 만든 것은 대단히 큰 의미가 있다.

영국에서 배우는 청년 일자리 창출법

영국의 유럽연합(EU) 탈퇴(브렉시트) 이후 외부에서는 영국 경제에 먹구름이 잔뜩 끼었을 것이라고 짐작한다.

현실은 그렇지 않다. 파운드화 가치가 떨어진 탓에 관광객도 더 많고 피부에 와 닿는 경기는 전혀 나쁘지 않는 것 같다고 한다. EU 탈퇴로 영국이 세계의 금융 중심지 위상에서 꺾일 것이라는 관측은 현재로선 기우라고 한다. 영국이 이렇게 의연할 수 있는 것은 '영어'라는 '전가의 보도'가 있기 때문이다. 국제금융의 중심지로서의 런던은 세계인의 언어인 영어를 기반으로 법률, 회계교육 등 서비스 산업이 필요로 하는 인프라를 최적화하고 있다. 이렇다보니 영국이 EU를 탈퇴해도 다국적 회사들이 영국을 벗어나서 독일이나 프랑스 EU본부가 있는 벨기에로 이사 가는 것이 쉽지 않다는 분석이 지배적이다. 영국이 제조업이 다 망해도 불황에 비교적 잘 견디고 전 세계가 만성병처럼 앓고 있는 청년실업 문제에 예상 외로 잘 대응하는 비결은 '영어의 본국'이라는 경쟁력에서 나온다. 영국의 젊은이들은 EU는 물론 전 세계에서 영어를 무기로 자기 분야에서 일자리를 잘 구한다.

실력이 훨씬 떨어지지 않는 이상 영국 청년들은 영어를 제대로 못하는 독일이나 프랑스 청년들보다 국제취업경쟁에서 이긴다. 영국의 이웃인 네덜란드를 보자. 네덜란드 사람들은 영어를 영국인보다 더 잘한다는 말을 듣는다. 영어와 함께 독일어, 프랑스어 중 1~2개를 더불어 구사한다. 수년 전 네덜란드 사람들에게 그 비결을 물어본 적이 있었다. 남녀노소 할 것 없이 같은 답변을 했다.

"우리 네덜란드는 작은 나라다. 따라서 우리보다 크고 힘센 나라들의 말을 배우는 것은 네덜란드 사람들로선 기본이다." 이러다보니 언어가 다양한 EU에서 여러 나라 사람들이 모여서 일하는 곳에는 대부분 영국인이나 네덜란드인들이 지배인이나 총무 역할을 한다. 여름 휴가철 유럽 휴가

지의 아르바이트 같은 단순 일자리조차 영국이나 네덜란드 젊은이들이 절대다수인 것도 같은 맥락이다. 우리의 청년 실업 문제도 국내적 시각에만 놓고 봐서는 구체적인 대책을 찾기가 힘들다.

　조선업의 경우를 보자. 후발주자인 우리나라가 선발주자였던 영국이나 독일을 제치고 일으켰던 조선 산업을 이제 우리보다 후발주자인 중국이 가져감으로써 생기는 '글로벌 산업 이동과 파생 실업문제'를 어떻게 국내적 시각으로 풀 수 있겠는가. 교육수준이 높은 한국의 젊은이들이 영어를 비롯한 외국어 실력만 갖추면 해외취업의 길은 무한하다. '세상은 넓고 할 일은 많다.'던 예전 김우중 대우그룹 회장 말처럼 '세상은 넓고 일자리는 많다.' 따지고 보면 중국이라는, 미국을 무색케 하는 거대시장을 바로 코앞에 두고 있는 한국 사람들의 평균적인 중국어 구사 능력이 형편없는 것은 분명 '비정상'이다. 영국이나 네덜란드 사람들은 그들의 경험에 비추어서 한국인들이 대부분 중국말을 잘할 것으로 생각하고 있다. 한국의 젊은이들이 영어를 기본으로 하고 중국어와 일본어를 동시에 구사할 수 있으면 일자리 걱정은 하지 않아도 된다. 대학교육은 물론 초중고 교육까지 여기에 초점을 맞춰야 한다.

청년 일자리창출에 대한 비방

모 기관에서 현재 우리 정치권에서 가장 중요한 이슈가 무엇인지 여론 조사를 했더니 청년 일자리 창출이 압도적으로 높게 나왔다.

분배 문제나 안보 문제 등은 훨씬 뒤를 이었다. 청년실업은 본인은 물론 부모 세대까지 집안 전체의 걱정거리이기 때문에 전 계층이 '청년 일자리만 해결하면 기꺼이 표를 주겠다.'는 심정인 것으로 보인다. 하지만 지금과 같이 해서는 해결하기 힘들 것이다.

우선 청년들 스스로가 취업에 대한 마인드를 근본적으로 바꿔야 한다. 한국 경제는 사실상 제로성장 상태다. 이런 상황에서는 아버지 세대가 젊었을 때처럼 좋은 일자리를 국내에서 쉽게 구하는 것은 영원히 불가능해졌다. 웬만큼 괜찮은 일자리는 중국이나 베트남 등지로 옮겨 가 버렸다.

과거 노동자는 자유로운 이동이 불가능했지만 이제는 항공기조차 대중교통수단이 되면서 막일꾼도 국경을 넘어서 이동한다. 지금 국내에 들어와 있는 외국인 근로자가 그들이다. 우리 청년들은 자신의 구미에 당기는 일자리가 나라 밖에 더 많다는 사실을 깨달아야 한다.

일본, 중국, 미국, 유럽에 우리 청년들의 마음에 드는 좋은 일자리가 더 많이 있다. 해외에서 좋은 일자리를 구하려면 어떻게 해야 할까. 네덜란드 청년들처럼 하면 된다. 네덜란드 사람들은 영국인보다 영어를 더 잘한다는 얘기를 듣는다. 영어와 함께 독일어, 프랑스어를 더불어 구사한다. 수년 전 네덜란드에 갔을 때 물어본 적이 있다. 대답이 이랬다.

"우리 네덜란드는 역사적으로 영국, 프랑스, 독일 사이에 끼어서 생존해온 작은 나라다. 따라서 이 크고 센 나라의 말들을 잘 구사해 이들 나라에서 일자리를 구하는 것이 상책이다."

네덜란드 경제가 한때 '네덜란드병'이라는 말을 들었을

정도로 청년실업 문제가 어려웠던 때도 인근 프랑스처럼 사회적 이슈가 되지 않았던 것은 바로 이 때문이다. 중국, 일본, 러시아, 미국 사이에 낀 우리의 처지가 유럽 강대국 사이의 네덜란드나 다를 바가 없다. 이런 한국 사람이 주변 강대국의 언어 구사능력이 이렇게 형편없는 것은 분명히 정상이 아니다. 기성세대가 넘지 못했던 언어장벽을 우리 청년들이 해내면 밖에서 좋은 일자리를 충분히 구할 수 있다. 언어 해결만으로는 충분치 않다. 해외에서 능력을 발휘하려면 다른 나라 사람들과 소통하고 잘 어울릴 수 있어야 한다. 한국경제가 세계 10대 무역국으로 성장했는데도 불구하고 국제기구에서 활동하는 한국인이 적은 것은 그들을 통솔하는 역량이 떨어지기 때문이다.

경제력이 한국보다 떨어지는 중남미 출신 젊은이도 신대륙과 구대륙의 융복합 문화에 익숙하기 때문에 미국이나 유럽의 대기업에 취직하고, 한국이나 일본 같이 문화가 전혀 다른 나라에 와서도 능란하게 일한다. 한국의 젊은이들은 글로벌 '숫기'를 길러야 한다.

외국어나 숫기는 족집게 토익학원에서 학습한다고 해서 해결되지 않는다. 특히 국제무대에서 당당하게 소통하는 '숫기'는 어떻게 길러질까. 지금 청년들이 서독 탄광에서 일했던 할아버지 세대와 중동 열사의 땅에서 달러를 벌었던 아버지 세대의 헝그리 정신을 흉내 낼 수도 없고, 낼 필요도 없다.

기성세대의 '생존 본능적 억척스러움' 과는 차원이 다른 정신을 길러야 한다. 이는 선진국 반열에 접어든 한국의 미래세대로서 '세계 속에 나 자신의 몫과 역할을 프로답게 수행하겠다.' 는 자부심을 가질 때 가능하다. 이런 정신은 스펙 쌓기 용으로 해외여행 겸 봉사나 한다고 해서 길러지지 않는다. 이를테면 우리 가까이에 당장 도움이 절실한 다문화 가정의 어린이 도우미 같은 진정한 봉사를 통해서 이질적인 문화와 소통하고, 진심으로 돕는 활동으로 길러지는 것이다.실전 외국어 구사 능력도, 글로벌 숫기도 '내가 스스로의 노력(일)을 통해서 세상에 기여하고 나의 행복을 누린다.' 는 의젓한 자세와 절실한 마음가짐에서 나오는 것이다. 지금 기성세대는 이런 성숙한 직업관을 갖지 못했고 자식세대에게 물려주지 못했다. 우리 청년들은 스스로 이런 정신을 길러야 한다. 이런 직업관으로 무장만 한다면 '세계는 넓고 할 일은 많다.'

신세대의 만성질환 정치불감증 치료법

사상 최악의 청년실업으로 장래문제가 절박한 청년들이 선거에 가장 관심을 많이 가져야 할 터인데 정반대. 자기가 살고 있는 도시의 출마자들을 제대로 알고 있는 20대는 드물다. 우리나라 청년들의 정치의식이 이렇게 낮아진 것은 전례가 없다.

1960년대 4·19에서 1980년대 6·10항쟁까지 정치는 청년들이 주도했었다. 1990년대 문민통치시대가 열리고 정치적 민주화가 노동운동으로 넘어간데 이어, 외환위기를 겪고 사회문제가 세계화 문제와 맞물리면서, 정치에 대한 청년들의 기대가 사라졌다.

이런 사회변혁보다 청년들이 정치와 선거에서 멀어지게 된 데는 기술적 변화에도 원인이 있다. 신세대들이 보기에는 투표장까지 가서 투표로 국회의원을 뽑고, 이들이 서울 여의도의 거대한 집(국회의사당)에 모여서, 나라 일을 보는 '간접 민주주의' 형태가 도무지 실감이 나지 않는 구닥다리로 비쳐진다.

이들은 개인적으로 정치보다 훨씬 중요하고 관심 있는 일도 전부 '온라인'으로 처리하는 시대에 살고 있다. 이들은 먹고 자고 하는 육체적인 생활 즉 '오프라인의 생활' 외에는 하루일과를 대부분 인터넷과 스마트폰으로 한다.

전재산이 걸린 전세금도 온라인으로 보내고, 연애도 스마트폰으로 하고 오래 저축해서 모은 돈으로 해외명품을 살 때도 온라인으로 '직구' 한다.

자신을 표현하고 싶을 때는 페이스북 유튜브는 물론 온라인 1인 TV를 어렵지 않게 개설할 수 있는 시대를 살고 있다. 이런 신세대의 눈에 지금의 선거는 '기성세대가 벌이는 한마당 굿판'으로, 그들만의 놀음일 뿐이다. 이런 젊은이들을 무슨 수로 대거 투표장으로 끌어들일 수 있겠는가. 실상이 이렇다고 해서 그냥 내버려 둘 문제는 아니다.

젊은이들이 무관심한 정치가 민의를 제대로 반영할 수

없고, 나라의 위기가 왔을 때 국민대표들의 호소에 젊은이들이 제대로 반응할 리 만무하다.

신세대의 정치적 무관심을 구체적으로 보자. 경제협력개발기구(OECD) 국가의 평균투표율은 71.4%. 최고인 호주의 투표율은 무려 93.2%(2013년)에 달한다. 벨기에(2011년) 91%, 스웨덴(2014년) 85.8% 등 한국에서는 상상할 수 없는 투표율이다. 한국은 56.9%에 머물고 있다. 원인은 당연히 청년층의 선거참여가 낮기 때문이다.

2000년 이후 치러진 국회의원 선거만 보더라도 20대 투표율이 50%를 넘은 적이 없을 정도다. 지난 19대 총선을 보면 60세 이상은 68.6%, 20대 후반은 37.9%가 투표했다. 청년들의 정치적 무관심에는 기성세대의 책임이 크다. 자녀들에게 사회적·정치적 참여의식을 길러주기는커녕 과보호로 사실상 격리시켜왔다. 그 결과 신세대는 성인이 되었지만 자신들이 한국을 주도한다는 '주도의식'과 스스로 도전하고 공의를 위해서 일하는 '청년정신'을 배우지 못했다.

신세대가 자기 목소리를 낼 생각조차 못하는 '청년이 무기력한 나라'는 장래가 없다. 신세대의 낮은 투표율은 현실 정치에서 목소리의 약화를 초래해 청년층의 정치적 무관심이 더 증폭되는 악순환을 초래하게 된다. 이제 신세대의 정치참여 투표를 독려하기 위한 제도적 장치를 마련하는 것을 심각하게 고려해 봐야한다.

호주의 경우 의무투표제를 도입, 투표를 하지 않을 경우 벌금을 부과하고 있다. 벨기에는 투표하지 않으면 50유로 벌금, 두 번 투표하지 않으면 최고 125유로의 벌금을 부과하며, 4번 투표하지 않으면 10년간 투표권을 박탈한다. 브라질은 최저임금의 3~10%를 벌금으로 부과하고 공직 제한, 여권발급을 금지하고 있다.

'민주주의의 꽃'인 선거를 의무화하는 것은 민주주의 근본정신과는 어긋난다고 볼 수도 있지만, 미래를 짊어질 신세대의 심각한 정치불감증을 고려하면 도입하지 않을 수 없다.

창의적 인재와는 동떨어져가는 코딩 조기교육

코딩이란 컴퓨터가 인식하는 기계언어로 영어와 같은 컴퓨터 언어를 말한다. 이것을 학습하면 문제 해결 방식, 논리적 사고 방식을 함양할 수 있는, 이른바 창의적 교육효과가 나타난다고 한다.

창의적인 교육환경이 부족한 한국에서 게임과 휴대폰이 공기나 물처럼 흘러넘치는 상황을 잘 활용하면 아날로그 시대에는 서구선진국과 일본에 뒤졌던 창의 인재 양성 상황을 역전시킬 수 있다는 기대를 가져봄 직하다.

하지만 조짐이 좋지 않다. 우선 오바마의 연설을 아전인수식으로 해석하는 것부터 걱정스럽다. 오바마의 연설을 더 들어보자.

"새로 나온 애플리케이션을 다운로드만 하지 말고(친구들과 가족과) 함께 프로그램을 만드세요. 휴대폰을 갖고 놀지만 말고 직접 프로그램을 만드세요."

오바마의 말 중 '직접'과 '함께'라는 포인트를 귀담아 듣지 않고 일단 과외부터 시작하는 것은 무슨 음식인지, 맛이 어떤지 상관없이 세계적 인사가 권하니 무조건 빨리 먹고 보자는 격이다.

코딩교육은 디지털혁명의 최신판인데 이를 받아들이는 한국사회의 풍토는 여전히 아날로그식이다. 남들보다 앞서 성취해야 한다는 결과만능주의 풍조는 대량생산과 대량소비시대인 20세기 아날로그시대에는 통했다. 하지만 디지털시대에는 더 이상 통하지 않는다.

한국식 코딩학습은 요령중심의 외우기식으로 실전영어와는 거리가 먼 토플 공부 방식이나 다를 바 없다. 창의성교육 중 하나인 논술 역시 요령과 외우기, 베끼기가 만연한 붕어빵 만드는 식으로 논술학원만 창궐하고 수험생 부담만 가중시킨 결과를 초래했던 경험이 생생하다.

코딩학습이 과외만능사회에 과목 하나를 더 얹는 것으로 귀착되면 정말 타고난 창의인재들까지도 붕어빵 중급 컴퓨터기술자로 얽어맬 가능성이 커 보인다. 한국식 조기과외로는 전문프로그래머 정도는 충분히 많이 길러낼 수 있을 것이다. 하지만 그런 인력은 우리나라에도 이미 포화상태이고 한물 간 '인재의 레드오션'이다.

"함께 즐길 수 있는 뭔가를 내가 직접 동생과 함께 만들고 싶었다."는 저커버그 말은 '함께 즐긴다.'는 공동체의식과 '직접 만든다.'는 도전과 모험정신에 초점이 맞춰져 있다는 것을 알아야 한다.

그렇지 않고 "초등학교 때 코딩을 빨리 시작해 페이스북을 조기 창업, 세계 제일의 청년재벌이 됐다."는 식으로 아날로그적 성공신화로 해석하면 조기과외로 귀결될 수밖에 없을 터이다.

우리는 저커버그가 코딩보다 더 일찍, 더 열심히 고전을 얼마나 읽었는지에 대해선 모른다. 노벨과학상 수상자를 한 명도 배출하지 못한 한국에 비해 무려 19명이나 배출한 일본의 노벨과학상 수상자 중 상당수가 학창시절부터 인문학이나 한학에 조예가 깊었다는 것이 무엇을 의미하는지 알아야 한다.

코딩교육이 우리 사회가 목말라하는 창의인재의 산실이 되려면 창의인재의 본성에 대한 인식과 학습이 선행돼야 할 것이다. 자신이 하고 싶은 것을 직접 해보는 호기심과 모험정신에서 출발해 그것을 즐기는 여유, 다른 사람과 나의 즐거움을 나눔으로써 자신이 속한 공동체에 유익함을 준다는 자부심을 갖고 학습할 때 자연스럽게 창의적인 인재가 되는 것이다. 이것이 오바마와 저커버그가 코딩교육을 강조한 근본이다.

전대미문의 각오를 해야 하는 이유

한국경제가 어려울 때마다 세계경제가 좋아서 운 좋게 버텨냈던 과거와는 달리 전 세계가 만성적인 공급과잉으로 인한 저성장이 고착된 터여서 세계경제에 대한 일말의 기대도 힘들게 되었다.

중국경제의 부진으로 인한 세계 교역량 감소, 미국 금리 인상에 대한 신흥국 경제의 취약성, 유로존과 일본의 경기회복 지연 등이 세계경제의 발목을 잡고 있는 것으로 분석되었다. 한국경제의 현주소를 암울하게 진단한 OECD는

"한국은 광범위한 구조개혁으로 잠재성장률을 높이는 데 정책의 최우선순위를 둘 필요가 있다."고 권고했다.

'광범위한 구조개혁'은 리더십과 이해관계를 달리하는 각계각층의 공감대와 국민적 일체감을 전제로 한다. 하지만 '광범위한 구조개혁'은 쉽지 않아 보인다.

선거를 앞두고 표심을 빌미로 앞으로 '포퓰리즘'이 더욱 만연하여 그나마 남아있는 잠재성장률마저 깎아먹지 않으면 다행이다. 국내외 경제가 구조불황에 놓여있을 때 기업가 정신과 창의적인 벤처들이 많이 나오면 확실한 돌파구가 되지만 기대하기 힘든 실정이다.

롯데그룹의 경영권 분쟁에서도 보듯이 재계도 새로운 투자나 벤처정신은 실종되었다. 승계를 놓고 내부 분쟁 중이거나 경영실패를 위장하기 위해 회계부정으로 검찰 신세를 지는 기업만 늘어나는 실정이다.

우리 재계에 이병철·정주영 같은 영웅들의 시대는 가버렸고, 2·3세들은 대부분 수성에도 힘이 부쳐 보인다. 마지막으로 과감한 세대교체를 통한 사회전반의 분위기를 일신하고 새로운 기풍을 진작시키는 것이 해법이지만 이 역시 한국적 풍토에서는 나무 위에서 물고기를 찾는 것이나 다름없어 보인다.

한국보다 구조개혁과 기술력 등에서 앞선 서구선진국들도 세계경제의 저성장기조를 탈피하기 위해 인적자원 혁신이라는 근원처방을 실천에 옮기고 있다. 그 결과, 캐나다·영국·네덜란드·이탈리아·룩셈부르크 등 40대 리더 전성시대가 열리고 있다. 하지만 한국은 정반대다. 한국은 기성기득세대가 끝까지 버티고 있고 차세대는 '캥거루족'에 만족하는 풍조가 사회 전 분야에 만연해 있다.

이런 상황에서 한국의 젖줄인 수출이 줄어들기 시작했다는 소식은 당연한 귀결이다. 자원이 없고 대외의존도가 세계 최고수준인 한국은 수출로 먹고살 수밖에 없는 나라다. 수출 입국을 내세운 이래 역대 정부를 거치면서 FTA(자유무역협정) 허브 전략으로 수출을 극대화시켜서 세계 10대 교역대국으로 성장했으나 지금은 더 이상 역량을 키우는 데 한계를 보이는 정도가 아니라 퇴행할 조짐이 완연하다.

한국은 중국이 제조업 입국을 완성하기 전에 금융 분야를 비롯해서 국제 경쟁력을 갖춘 서비스업을 키워 놓아야 했다. 그런데 정책과 슬로건만 무성했을 뿐이었다. 독일이나 일본처럼 남이 함부로 따라오거나 흉내 내기 힘든 한국만의 절대기술을 꽃피우지도 못했다. 경제구조, 인적자원, 사회 풍조 3면에 걸친 한국의 위기는 1997년 외환위기, 2008년 세계금융위기 때와는 본질적으로 다르게 다가오고 있다.

신발 신고 발바닥을 긁는 리더들

지난 5월29일 오후 5시30분, 대표적인 뉴스 포털에 올라 있는 '많이 본 뉴스'를 살펴보았다. 남성들이 많이 본 뉴스. "구조조정 해운사들 생존까진 산 너머 산", "OECD 평균의 2~3배 성장하던 한국, 10위 밖으로 밀려", "현대중공업 8월부터 임금 50% 감축", "3만 달러도 못 가보고 한국경제, 성장이 멈춘다", "큰손 전유물 사모펀드 개인투자 가능해진다"

대중의 관심을 많이 끈 상위 10대 뉴스 중에서 5건이 먹고사는 문제와 직결된 경제뉴스였다.

여성이 많이 본 뉴스. "전국 미세먼지 평소의 두 배 수준"

이라는 대기오염공포 뉴스에 이어 "뇌성마비 아들을 45년째 수발한 어머니의 애환"을 다룬 기사와 "30대 여성암 1위 자궁경부암"이 뒤를 잇고 있었다.

경제성장이 거의 멈춰선 상황에서 고령화, 저출산과 인구감소, 청년실업대란이라는 대재앙 속에 사람들은 생존의 절박함에 전전긍긍하고 있다는 것을 포털의 뉴스들이 대변하고 있었다.

오늘의 한국을 '제2의 외환위기'로 규정하는 것도 본질을 정확하게 묘사하는 것이 아니다. 한국이 1997년 외환위기를 당했을 때는 무엇보다 젊은 나라였고 공동체 의식이 살아있었기 때문에 기사회생이 가능한 구조였다.

실제로 그 덕분에 되살아났다. 하지만 지금 한국사회는 늙고 기력이 쇠한 나라다. 공동체는 사라졌고 파편처럼 흩어진 사회구조다. 외환위기 이후 지도적 인사들마저 그저 '정년연장형' 아니면 '생계형'이 태반으로, 제 앞가림하기에 급급한 모습들이다.

이런 상황에서 무엇보다 큰 우환은 자본주의 시장경제의 핵심인 기업들의 병이 깊은 것이다. 싫든 좋든 부자가 잘되어야 가난한 사람들도 먹고살 길이 열리는데 지금은 재벌도 앞날이 캄캄하다.

정부통계에 의하면 20대 재벌에 속한 기업 중 37%가 부실 징후를 보이고 있다. 법정관리를 받고 있는 STX가 대표적이다. 4대 그룹을 제외하면 대기업도 셋 중 하나는 부실 상태라는 진단도 있다. 재벌과 수출·제조업에 의존한 한국 경제의 발전 시스템이 붕괴되었다는 것을 의미한다.

가계도 부도 직전이다. 한국은행 자료를 보면 가계빚 총액이 3개월 새 20조6천억 원이나 늘어 지난 3월 말 기준 1천223조원을 넘어섰다. 1분기 비은행예금취급사의 기타 대출은 4조9천억 원 늘어 154조 원을 기록했다.

상대적으로 생계가 힘들고 급전이 필요한 사람들이 대출을 늘린 것으로 보인다. 문 닫는 가게들이 줄을 이어서 '간판 업체들만 호황'이라는 자조적인 얘기가 나돌 정도이다.

청년들은 생존의 절벽에 서 있다. 지난해 청년 실업률이 9.2%로 사상 최고치를 기록했다.

"재벌부터 구멍가게 주인이나 편의점 아르바이트까지, 모두 위기에서 비켜나지 못하는 상황입니다."

민생 현장을 전하는 보도의 결론이다. 그동안 '일자리 보호'나 '구조조정 반대'를 외쳐온 노동계도 총체적인 개혁을 주문하는 쪽으로 선회하고 있다. 노동계가 이럴 정도로 지금 민생은 심각 수준을 넘어 공포로 치닫고 있다.

보통 사람들은 이렇게 '생존공포'에 휩싸여 살고 있는데 나라를 이끌겠다는 지도자들 중 누구도 '먹고사는 삶의 근본문제'가 걸려있는 경제를 정면으로 파고들어 파산, 대량해고, 청년실업의 현장을 연일 누비면서 애타는 그들과 같이 고민하고 해법을 모색하는 모습은 보기 힘들다.

말기암 환자 같은 경제현실이 너무 벅찬 문제라서 섣불리 나서면 손해 본다는 얄팍한 정치적 계산들을 하고 있다면 애당초 리더의 자격이 없다. 하루하루를 절박하게 살아가는 생활자들의 관심과 그들의 삶의 터전을 비켜나서, 신문 사진과 TV 화면에 잘 나올 이벤트성 '기획행보' 경쟁이나 벌이는 것은 '신발을 신고 발바닥을 긁는 것'이나 다름없다. 그것은 정치가 아니고 '정치 쇼'일 뿐. 생존위기에 놓인 한국의 앞날을 책임지겠다는 사람들이 할 짓이 아니다.

3장

|

교육, 경주에서 길을 찾는다

경주,위기를
기회로

경주부활의 지름길
- 어린이 교육

서울과 지방의 불균형을 해결하고야 말겠다는 정부의 의지는 나무랄 이유가 없고 손뼉 칠만한 일이다.

현 정부는 과거 집권시절인 노무현 정부 때 수도이전까지 추진할 정도로 지역균형발전을 지상과제로 삼아온 지 오래되었다. 이에 입각할 때 서울 집값을 잡아서 서울로 몰리는 투자수요를 차단하고 지방경제 붕괴를 막겠다는 정책 의지는 백 번 타당하다. 하지만 이 정책은 지방의 경제가 살아 있어야 통할 수 있다. 울산의 조선, 부산의 해운, 포항의 철강 등 그동안 지방경제를 이끌어온 제조업 시대가 막을 내리고 있다는 것은 삼척동자도 다 안다. 이렇게 지방경제가 구조적으로 장기불황기에 접어든 판국에 서울을 아무리 눌러도 서울로 몰리는 지방의 돈이 지방으로 돌아갈 리 만무하다. 지방 도시의 변두리 지역에는 이미 빈집들이 늘어나고 특히 지진에 시달리는 동남권(포항 경주 울산)의 부동산은 언제 회복될지 기약이 없는 장기침체기에 접어든 지 오래되었다. 이런 상황에서 서울 강남의 보유세를 아무리 올려도 그 이상의 프리미엄을 지불하고 서울 자산을 사려는 지방의 대기 수요는 길게 줄을 서게 마련이다.

서울에 세금을 많이 때리면 때릴수록 지방 자산을 많이 팔아치워야 세금만큼 더 오른 서울자산을 매입할 수 있기 때문에 지방의 자산공동화현상은 더 빨리, 더 대규모로 진행될 가능성이 높아 보인다. 발상을 전환해야 한다. 서울을 눌러 잡기보다는 지방의 매력을 서울보다 더 키우는 것이 해법이다. 현실적으로 지방도시의 종합적인 매력을 단숨에 키우기란 불가능하지만 지방만의 특화된 한두 분야의 매력을 키우는 것은 가능하다. 지방도 부산 대구 같은 자립이 가능한 대도시는 제쳐놓고 경제기반의 붕괴가 심각한 중소도시의 매력을 키우는데 집중해야 한다. 지방 대도시에 인접한 도농복합 도시부터 시범케이스로 추진해볼 만하다. 경주 같은 도시가 모델도시로 해볼 만하다. 경주는 포항 울산과 부산 대구 사이에 위치하고 있고, 천년고도의 역사문화를 갖고 있기 때문에 차별적인 매력을 키우기에 안성맞춤이다. 경주가 성공하면 다른 중소도시로 확대할 수 있다.

경주 같은 대도시·공업도시 인근의 도농복합 중소도시의 매력은 교육에서 찾아야 한다. 이런 중소도시일수록 교육 수요와 교육열은 여전하기 때문이다.

교육 중에서도 유아 및 유소년 교육에서 경쟁력을 키울 수 있다. 경주 같은 도시의 경우 대학이나 중등교육의 경쟁력은 열세이고 앞으로도 대도시 추월은 힘들어 보인다. 하지만 유아교육은 다르다. 대도시와 압축 성장을 한 공업도시들의 유아교육에 대한 불신이 팽배해있는데다 인공지능(AI)시대에 인성과 문화적 창의력이 미래의 경쟁력이라는 것쯤은 이제 상식이 되고 있다. 따라서 경주 같은 도농복합 중소도시들은 '안심 어린이의 집, 인성 유치원'으로 '아이 키우기 좋은' 도시라는 매력을 키울 수 있다.

특히, 이 같은 중소도시일수록 많은 은퇴고령인구를 어린이집과 유치원의 도우미로 활용할 수 있다. 이 경우 과거 전통마을처럼 할아버지 할머니 덕분에 자라나는 아이들의 인성교육이 잘되는 도시의 매력을 한층 더 차별화할 수 있을 것이다.

그동안 몇 차례 경험해 왔지만 서울을 눌러서 지방을 살리려는 정책은 당장은 화끈하고 지방과 저소득계층의 박수를 받지만, 결과적으로는 서울도 지방도 더 어렵게 만들 가능성이 높아 보인다.

이 방법보다는 지방의 매력을 키우는데 집중해서 지방이 좋아지면 서울문제도 서서히 해결될 것이다.

부동산 문제를 경제정책만으로 못 푸는 이유

2000년대 초까지 대한민국 부동산 문제의 진앙지인 서울 강남의 집값은 안정돼 있었다.

정부가 1990년대부터 추진한 수도권 주택 200만 가구 건설에 따른 분당·일산신도시가 입주를 끝내고, 위성도시가 서울 못지않은 도시 서비스를 제공한다는 신뢰가 쌓였기 때문이었다.

그 결과 서울 강남으로 집중돼 온 주택수요가 분당신도시를 중심으로 일산, 평택, 산본 신도시로 분산돼 수도권 전반의 집값이 안정돼 갔다. 이른바 '강남불패' 신화가 깨어지고 있었다. 핵심은 교육이었다. 서울이 평준화된데 비해 신도시는 비평준화지역이었기 때문에 서울 강남보다 대학 진학에 우수한 성적을 거두는 신흥 명문고교들이 등장하기 시작했다.

강남은 고액 족집게 학원들 덕분에 버티기는 했지만 장기적으로는 신도시의 비평준화 고교와 강남의 평준화 고교들 간에 균형이 형성되기 시작했다.

서울 강남으로만 몰리던 주택 수요가 비평준화지역인 분당신도시를 비롯한 서울 외곽 위성도시로 분산되면서 신도시 집값은 오르고 서울 강남 집값과 큰 차이가 나지 않게 되었다. 서울의 평준화와 위성도시의 비평준화는 부동산정책이 아니었지만 결과적으로 부동산과 도시정책, 나아가 국토균형발전에까지 기여하는 결과를 낳았다. '맹모삼천지교'의 나라답게 좋은 교육환경이 아파트값을 좌우하는 것이 한국적 부동산 시장의 현실이라는 것이 여실히 드러난 것이었다.

이러한 모처럼의 부동산 안정화 국면에 접어들었던 2002년 당시 정부는 분당·일산신도시를 비롯한 위성도시에 평준화를 실시한다. 교육의 기회 균등과 같은 절대적 가치나 기준으로 보면 서울의 평준화를 위성도시로 확대 적용하는 것이 좋았겠지만 우리나라 부동산 문제가 교육에 얼마나 민감하고 지대하게 영향을 받는지 간과한 정책결정이었다. 신도시로 평준화를 확대하자 비평준화 고교에 매력을 느껴 분당으로 이사를 갔던 서울 사람들이 일시에 되돌아왔고, 서울 강남의 아파트 값이 폭등했다. 분당이나 일산의 수려한 도시경관과 편리한 신형 아파트를 버리고 70년대 지어져 슬럼가를 방불케 하는 강남의 낡은 아파트로 몰려들었다.

특히 대입학원들이 몰려있는 강남 대치동이 집값 폭등을 선도했다. 이번에는 서울 강남으로 되돌아오는 서울토박이들을 따라서 수도권 원주민들까지 덩달아 몰려들면서 서울과 수도권 아파트가격 차이를 일거에 2~3배나 벌여놓았다. 그 이후 '강남 - 아파트 불패, 학원 불패 신화'는 더욱 공고화 돼 정부의 어떤 부동산 대책도 극복하지 못하고 있다. 이처럼 교육과 연계된 부동산 시장의 속성을 활용해 낙후된 지역을 발전시키고 아파트값을 인위적으로 끌어올린 경우도 있다. 서울의 한 변두리 지역은 지역발전을 위한 궁리 끝에 서울 강남의 학원들을 찾아가서 분원을 열어줄 것을 간청하고 학원 부지를 싸게 공급했다. 그 결과 이사 온 대입학원 덕분에 교육여건이 좋다는 소문이 나기 시작했고, 전입 인구가 늘어났다. 지방의 대도시보다 낮았던 아파트

값이 올랐다. 대형 마트나 백화점도 들어와서 지역발전이 이뤄졌다. 이런 사례에서 보듯이 우리나라의 부동산 문제, 특히 도시의 급등하는 주택문제는 세금폭탄과 대출 규제만으로는 풀 수 없다. 반짝 효과는 나겠지만 길게는 못 간다. 일시 투기 수요가 위축되어도 서울로, 강남으로 몰리는 교육수요로 인해 장기 공급부족의 문제는 쌓이고 쌓여 어느 시점에 주택 대란과 폭등을 초래하게 마련이다.

지금 정부가 특목고, 자사고 등을 없애고 수능절대평가를 도입하자 강남8학군 일반고에 대한 선호도가 더욱 좋아질 것이라는 분석이 지배적이다. 이렇게 되면 세금과 대출 죄기로 강남의 집값을 잡겠다는 경제부처의 정책효과는 반감될 우려가 커진다.

경제정책만으로는 부동산 문제를 풀기 힘들다는 것을 경험했으면서도 되풀이하는 것 같아 안타깝다. 우리나라 주택문제는 교육정책까지 함께 넣은 '종합정책세트'로 접근해야 풀린다. 부동산 대책이 교육정책까지 포함하지 못하면 장기적으로 실패할 가능성이 농후하다.

이세돌-알파고의 대결과 한국의 세계적 역할

이세돌과 인공지능 '구글 알파고'의 대결에 일희일비하고 있을 때가 아니다.

피조물인 기계가 창조주인 인간을 당혹스럽게 궁지로 몰아넣는 일은 새삼스러운 경험이 아니다. 인간이 피조물을 잘 활용할 지혜를 가졌을 때는 인류사회의 획기적인 발전과 행복을 가져왔지만 그 반대의 경우 대재앙을 초래했던 것은 인류의 보편적인 경험이다.

인간이 불을 처음 썼을 때부터 산업혁명이 대표적인 성공 사례다. 산업혁명이라는 기술대변혁을 영국을 중심으로 비교적 잘 관리한 덕분에 인류는 결과적으로 민주주의와 자본주의 발전과 인류의 보편적인 행복을 확산하고 보건위생에서 복지까지 질적인 진보를 가져왔다. 인공지능도 다르지 않다. 다이너마이트를 발명한 알프레드 노벨이 처음에 그랬듯이 알파고를 만든 구글의 에릭 슈밋 회장은 기자회견에서 "인공지능이 발전하면 인간이 더 똑똑해지고 세상이 더 좋아질 것"이라고 낙관론을 폈다. 문제는 기술은 주인의 선악을 구분하지 못한다는데 있다.

인류는 20세기 들어 폭발적인 신기술의 혁신을 제대로 관리하지 못한 결과 대량살상과 원자력기술까지 전쟁에 사용하는 대재앙을 경험했다.

로켓 기술도 훗날 인류의 우주시대를 열었지만, 개발초기인 제2세계대전 당시 런던 시민들에게 독일의 로켓 폭탄은 '나는 악마'나 다름없었다.

인공지능의 문제는 먼 미래의 일이 아니다. 세계적인 물리학자 영국의 스티븐 호킹 교수는 "인류는 100년 내에 인공지능에 의해 끝날 것"이라고 무시무시한 경고를 했다. 세계 최고의 전기차 업체 '테슬라' 창업자인 일론 머스크도 "인공지능 연구는 악마를 소환하는 것이나 마찬가지"라고 주장했다.

지난 1월 다보스포럼(WEF)에서는 로봇과 인공지능의 발달로 향후 5년간 15개국에서 약 500만 개의 일자리가 사라질 것이라는 보고서가 나왔다. 일자리 위기는 제조업에만 국한된 것이 아니다. 고급 두뇌까지 대체하기 시작했다. 파이낸셜타임스에 따르면, 올해 1~2월 일반 펀드매니저들이 운용하는 펀드가 평균 3%의 손실을 내는 동안, 컴퓨터로 원자재 등의 가격 흐름을 읽고 투자하는 방식을 도입한 펀드는 5%의 수익을 거뒀다.

더 큰 문제는 인공지능 같은 신기술일수록 관련 일자리를 만들어내는 속도가 늦다는 점이다. 1980년대에는 미국 노동력의 8.2%가 신기술의 부상과 관련 있는 새 일자리로 옮겨갔지만, 2000년대에는 0.5%에 불과했다.

가장 심각한 문제는 인공지능 기술을 악의 세력이 활용하는 것이다. 군사용 로봇에 인공지능을 탑재하면 죽음을 두려워하지 않는 강력하고도 똑똑한 무기가 될 수 있다. 영화 '터미네이터'에 나오는 로봇과 인간의 전쟁이 현실화될 수도 있다. 이런 기술을 북한의 김정은이 탐을 내지 말라는 법이 없다.

이제 이세돌과 알파고의 대국을 계기로 한국이 해야 할 일은 자명해졌다. '최후의 산업혁명'이랄 수 있는 인공지능을 인간이 어떻게 관리할 것인지를 놓고 인류가 머리를 맞대는 '인공지능과 인류의 미래를 위한 공론의 장'을 주도해야 한다. 이를 통해서, 원자력기술의 평화적인 이용을 위한 국제적인 합의와 같은 '인공지능의 지혜롭고 유익한 활용과 관리를 위한 국제사회 노력과 합의'의 물꼬를 터야 한다.

이것이 이세돌과 인공지능의 바둑대국 즉, 인간과 기계의 대결에서 인간의 궁극적인 승리를 이끌어내는 길이다. 이 길을 한국이 앞서 열어 나갈 천금 같은 기회가 지금 우리 앞에 와 있다. 이것을 해내면 한국은 계몽주의를 이끈 프랑스, 산업혁명을 관리한 영국, 자유주의를 보편화시킨 미국에 버금가는 인류사적인 단초를 연 위대한 나라가 될 것이다.

21세기 과제를 20세기 방식으로 풀 수는 없다

서울 서초구의 초등학교에 다니는 A(10) 군은 매주 일요일 아침 동네 카페에서 한국과학기술원(KAIST) 학생에게 코딩 과외를 받는다.

A군 학교는 지난해 교내 컴퓨터실에 애플의 매킨토시 컴퓨터 수십 대를 설치하고 코딩 수업을 시작했다. 이 수업을 남들보다 낫게 하려면 과외가 필요했다. A군과 비슷한 초등학생이 많다보니 온라인에서는 "코딩 가르쳐줄 컴퓨터공학 전공자를 찾는다."는 학부모들의 글을 쉽게 찾을 수 있다. 코딩 교육 열풍은 세계적인 추세이기도 하다.

영국 정부는 지난해부터 모든 초·중·고교에서 코딩을

필수 교과목으로 가르치도록 했다. 하지만 초장부터 과외로 이어지는 나라는 한국뿐이다.

미국의 오바마 전 대통령이 재임시절 "게임을 하는 아이로 키우지 말고 게임을 만드는 아이로 키우자."고 역설한 이후 미국보다 한국이 더 요란했다. 오바마의 연설에 이어서 페이스북을 만든 마크 저커버그가 초등학교 6학년 때 코딩을 시작했다고 알려지면서 일부 극성 엄마들을 중심으로 어린이 코딩 과외 열기가 달아오른다고 한다.

여기에다 이공계 취업문이 넓다는 분석이 나오면서 중고생들까지도 코딩과외 열기가 달아오르고 있다. 코딩과외를 통해 이공계 적성을 길러 대학을 이공계로 진학해야 취직이 잘된다는 강박이 더해져서다.

코딩이란 컴퓨터가 인식하는 기계언어로 영어와 같은 컴퓨터 언어교육을 말하는데 이것을 학습하면 문제해결, 논리적인 사고를 배양할 수 있는 이른바 창의적인 교육효과가 나타난다고 한다.

게임과 휴대폰이 공기나 물처럼 흘러넘치는 상황을 잘 활용하면 게임중독 같은 부작용도 줄이면서 창의 인재 양성을 촉진하는 일석이조의 효과도 노려봄 직하다. 하지만 디지털혁명의 최신판인 코딩교육을 받아들이는 한국사회의 풍토는 여전히 아날로그식인 것이 문제다.

남들보다 빨리 앞서 성취해야 한다는 결과 만능주의 풍조와 방식은 대량생산과 대량소비시대인 20세기 아날로그 시대에는 통했다. 불철주야로 열심히 따라하면 선진국을 따라갈 수 있었지만 디지털시대에는 더 이상 통하지 않는다. 창의 자발 학습이어야 할 코딩을 과외로 속성재배식으로 공부하는 것은 요령 외우기 중심으로 토플점수는 높아도 실전영어는 형편없었던 기성세대의 실패를 되풀이하는 것이나 다름없다.

코딩 못지않게 창의학습을 내세웠던 논술 역시 요령과 외우기, 베끼기가 만연한 붕어빵식으로 논술학원만 창궐하고 수험생 부담만 가중시킨 결과를 초래하지 않았던가. 코딩학습이 과외 과목 하나를 더 얹는 것이 되면 정말 타고난 창의인재들까지도 붕어빵 컴퓨터기술자로 얽어맬 가능성이 커 보인다.

한국식 조기과외로는 전문프로그래머 정도는 충분히 많이 길러낼 수 있을 것이다. 하지만 그런 인력은 우리나라에도 이미 포화상태이고 인도 같은 인건비가 싼 나라까지 생각하면 이미 한물간 '인재의 레드오션'이다.

"컴퓨터로 함께 즐길 수 있는 뭔가를 내가 직접 동생과 함께 만들고 싶었다."는 저커버그 말은 '함께 즐긴다'는 공동체의식과 '직접 만든다'는 도전과 모험정신에 초점이 맞춰져 있다는 것을 알아야한다.

자신이 하고 싶은 것을 직접 해보는 호기심과 열정, 모험정신에서 출발하여 그것을 즐기는 여유와 다른 사람과 나의 즐거움을 나눔으로써 자신이 속한 공동체에 유익하고 공동선에 기여한다는 자부심을 가지고 학습할 때 자연스럽게 창의 인재가 되는 것이다.

'한국의 저커버그' 가 나오게 하는 방법

마크 저커버그 페이스북 창업자 겸 CEO가 딸의 출생을 축하하며 보유 지분 (환산 가치 52조 원)의 99%를 기부하겠다고 발표하자 유독 한국에서 경탄이 크게 터져 나온다. 마이크로 소프트 창업자 빌 게이츠, 주식 투자의 신으로 불리는 워런 버핏 등 저커버그의 선배들이 한둘이 아니다. 미국 기업 CEO들의 사회공헌협의체인 CECP가 지난 9월 펴낸 '2015 기업 사회 공헌' 보고서에 따르면 조사 대상 대기업 176곳의 56%가 사회 공헌에 투입한 금액이 3년 연속 늘었다고 응답했다. 새로운 추세도 아니다.

미국의 철강왕 앤드류 카네기가 당시로는 천문학적인 액

수인 2천 500만 달러를 기부한 이래 '성공한 기업인은 번만큼 사회에 환원한다.'는 전통이 불문율이 돼 이어져 오고 있다. 저커버그가 52조 원을 내놓으면서 "내 딸이 더 나은 세상에 살기를 바란다."고 밝혔듯이 미국 재벌들이 기부를 많이 하는 이면에는 현재의 자본주의 체제가 미완성이며 문제가 많다고 보기 때문이다.

저커버그의 롤모델인 빌 게이츠를 보자.

"(기업들이 신에너지 개발에 투자를 머뭇거리는 이유는) 당장 이윤을 많이 창출할 수 없기 때문이다. 따라서(휘발유 같은 화석연료 사용에 대해) 중과세를 해야 기업들이 신에너지 개발을 서둘 것이다."(디애틀랜틱 인터뷰)

한국에서는 환경단체에서나 나올 법한 얘기다. 그는 또 "자본주의란 가난한 아이들을 위한 값싼 말라리아 신약 개발보다는 대머리 치료 연구에 더 많은 투자가 몰리게 한다.(2013년 3월 영국 왕립공학협회 연설)"고 자본주의의 근본 문제를 거론했다.

워런 버핏은 어떤가. "나를 비롯한 슈퍼리치 친구들은 오랜 시간 동안 억만장자들에게 관대한 의회의 덕을 많이 받아왔다. 정부가 고통분담에 보다 진지해져야 할 때이다."(2011월 8월 뉴욕 타임스) 헤지 펀드의 대부인 조지 소로스는 한술 더 뜬다. 《세계 자본주의 위기》라는 저서를 통해서 "정직과 진실이라는 가치는 더 이상 사람들의 행동양식이 되지 못하고 있다. 사람들은 갈수록 경제적인 보상에 의해서만 움직이고 있다. 시장 근본주의가 도덕적 가치들을 약화시켰다. 금융시장을 움직이는 것은 시장경제 원리가 아니라 제도를 움직이는 정치인들이다. 따라서 도덕적 원칙이 개입하지 않으면 안 된다."

그렇다고 이들이 볼셰비키 혁명을 기다리고 있거나 이를 대안이라고 생각하는 것은 결코 아니다. 자본주의 시장경제를 대체할 것을 찾는 대신 자신들의 축적한 부의 대부분을 기부하고 있는 것이다.

한국에서는 언제쯤 이런 부자들을 볼 수 있을까? 한국에서 이런 재벌들이 나오려면 어떻게 해야 할까?

미국의 부자들이 자본주의를 비판하면서 전 재산을 내놓고 자본주의 힐링에 나서는 배경이 무엇인지 살펴보면 대답이 보인다. 서구의 부자들은 자신들이 '역사를 만들어가는 주인공'이라고 본다. 한국처럼 정치인과 관료, 학자들을 역사의 주인공이나 주체라 보지 않고 기업인이 역사를 실제로 만들어가는 주인이라고 확신한다. 미국의 기업인에게 물은 적이 있다.

"당신은 주지사, 상·하원 의원 같은 정치인들을 어떻게 보느냐?"

돌아온 대답이 이랬다.

"그들은 운동장의 치어리더들이고 우리 같은 기업인들은 선수들이다. 운동장의 주인공은 선수들이다."

이런 자부심과 책임감이 기업인들로 하여금 자본주의의 폐단을 가차 없이 지적하고 전 재산을 내놓고 치유에 나서도록 하는 원동력인 것이다.

한국의 부자들에게는 이런 자부심과 책임감에 입각한 사회 주체의식과 당당함, 기백이 없다. 기업인들을 탓하기 앞서 정치인, 관료, 학자들이 기업인들을 주인공으로 대접하는 풍토를 키워야 한다. 정치인이나 대학이나 학회가 기업의 기부를 학수고대하면서도 막상 기업인과 부자들을 돈만큼 진정으로 대접하고 존중하는 모습을 보기 힘들다. 한국을 오래 취재한 어느 일본 특파원은 '한국은 여전히 사농공상 체제'라고 사석에서 평한 것이 오래전 일이 아니다.

노벨과학상 콤플렉스에서 벗어나는 방법

매년 10월이 되면 일본에서 부는 노벨과학상 바람에 한국은 갑자기 과학 얘기를 꽃피운다.

연중행사가 된 지가 수년 됐다. 아마 삼성이 일본 소니를 제쳤다는 얘기가 나온 뒤부터가 아닌가 싶다. '일본이 하면 우리도 한다.'는 우리 사회의 일본에 대한 경쟁 심리는 마지막 남은 관문을 노벨과학상이라고 보는 것 같다. 다른 것은 일본만큼 혹은 더 잘 할 수 있지만 노벨과학상은 다르다.

노벨과학상은 그 사회를 구성하는 어느 한 분야나 한 사람이 특출하다고 해서 되는 일이 아니다. 국민성과 사회체제, 역사인식과 신앙에 이르기까지 그 나라의 근본이 노벨과학자를 길러내게끔 돼야 가능하다.

　노벨과학자가 나오려면 몇 가지를 충족해야 하는데 우리 사회는 거리가 아직 멀다. 되지도 않을 일을 일본 경쟁 심리에 젖어서 10월만 되면 노벨과학상을 놓고 호들갑을 떨어보았자 국민적 자괴감만 커질 뿐이다. 우리가 노벨과학상을 못타는 이유는 여러 가지가 있지만 일본과의 극명한 차이점 한 가지만 들어보자.

　한국 특파원을 오래 지낸 일본 유력일간신문 기자의 진단이다. "일본에는 센몬바가(전문바보)들이 즐비한데 한국에는 드물다." 그러면서 그 기자가 들려준 어느 일본 노벨과학상 수상자의 일화.

　1941년 12월 7일 태평양전쟁을 촉발시킨 일본군의 진주만 기습 사실을 라디오 방송으로 전해들은 어린 제자가 훗날 노벨과학상을 탄 스승의 연구실로 달려가서 "선생님, 진주만 공습으로 대동아전쟁이 일어났습니다."라고 숨 가쁘게 얘기했다. 실험에 열중하던 스승은 돌아보지도 않고 "잘 일어났구만" 하고 건성으로 대답했다. 몇 년 후 그 제자가 다시 그 교수에게 "선생님, 일본이 전쟁에 져서 항복했답니다."라고 전했다.

　그날도 연구에 정신이 팔린 그 교수는 역시 한 귀로 듣고

한 귀로 흘리면서 "잘 졌구만"하고 연구를 계속했다고 한다. 다소 과장된 얘기일 수도 있으나 이렇게 한 분야를 부처님이 득도하는 과정처럼 몰입하는 신앙 수준으로 공부에 전념하고, 다른 데는 신경을 쓰지 않아서 세상이 어떻게 돌아가는지도 모르고 알 필요도 없어하는 사람들, 이런 사람들을 '센몬바가'라고 한다. 이는 일본 사회에서 비아냥이 아니라 존경하는 말이라고 한다.

이런 교수가 드물고 연구 풍토가 다른 한국이 10월이 되면 노벨과학상 타령을 하는 것은 '나무 위에서 물고기를 찾는 것'이나 다름없는 것이다. 일본이 예외적이지도 않다.

노벨과학상을 많이 배출하는 미국·영국·독일 등의 나라들은 대개 이런 식이다. 이들 나라의 풍토는 과학계에 국한된 것이 아니고 사회과학계도 마찬가지이고, 관계나 언론계도 정도의 차이가 있을 뿐 마찬가지다. 아무리 노벨과학상이 절실해도 한국 사회를 일본이나 독일, 영국처럼 갑자기 개조할 수도 없을 터. 괜히 노벨과학상 일본 열풍에 우리가 한탄하거나 야심(?)을 불태울 필요도 없다. 노벨과학상이 국가위상을 가늠하는 전부도 아니다. 인문·예술·문화·스포츠 등 다른 분야들도 많다.

영국이나 독일이 노벨과학상을 많이 탄다고 해서 상대적

으로 노벨과학상과 인연이 약한 프랑스나 스페인이 우리처럼 호들갑을 떨지는 않는다. 서로 민족성과 원형질이 다르므로 각자의 길이 있고 장기가 따로 있다고 여길 뿐이다.

인구 5천만인 한국이 노벨평화상도 타고 과학상도 줄줄이 타고 여자골프도 세계를 제패하고 축구도 월드컵 8강권에 들고 경제력도 세계 10대권에 들고 이렇게 되기를 바라는 것은 과욕이다. 물론 전체적인 국력의 신장으로 머지않아 노벨과학상 수상자를 배출할 것으로 보이지만 일본·영국·독일처럼 줄줄이 배출할 수는 없을 것이다. 차라리 노벨과학상 체질이 아니라고 훌훌 털어버리고 우리 체질에 어울리는 것에 만족하면 된다.

'아는 것을 안다 하고 모르는 것을 모른다 하는 것이 아는 것'이라는 옛 성현의 말씀처럼 '잘할 수 있는 것을 잘할 수 있다 하고 잘할 수 없는 것을 잘할 수 없다고 하는 것이 잘 하는 것'이다.

4장

|

지역발전, 경주에서 길을 찾는다

경주, 읽기를 기회로

'되로 주고 말로 받는' 문화외교

지난 2013년 인류문화의 살아 있는 박물관으로 불리는 터키 이스탄불에서 열렸던 경주세계문화엑스포는 490만 명이 관람하는 대성공을 거뒀다.

이스탄불 시민 절반이 체험하고 공감한 경주세계문화엑스포 덕분에 한국과 터키는 6·25이후 형제 국가라는 역사적 호감이 구체적으로 현실화되는 계기를 마련하게 됐다.

이후 한국 건설업체가 이스탄불에서 일본 경쟁업체를 물리치고 1조 원 규모의 초대형 프로젝트를 수주하고 한국 휴대폰의 시장점유율이 터키에서 크게 높아진데 대해 경주세계문화엑스포의 후광 효과가 컸다고 평가받고 있다.

경주세계문화엑스포가 추진하는 세 번째 해외행사인 '호찌민 - 경주 세계문화엑스포 2017'이 성황리에 개최되었다. 이번 해외 엑스포에서는 앞서 개최한 앙코르와트와 이스탄불과는 의미와 차원이 또 달랐다. 무엇보다 '호찌민 - 경주 세계문화엑스포 2017'은 시기적으로 우리 경제가 아주 절실한 상황에서 펼쳐졌다.

어느 때보다 경제적 성격이 매우 중요한 부분을 차지하게 되었고, 이로 인한 실리적 효과가 크게 기대되었다. 사드 배치에 따른 중국의 경제 보복이 예상보다 길어지면서 한국은 경제, 문화, 관광 등 전 분야에 걸쳐 큰 타격을 받고 있는 상황이어서 더욱 그랬다.

중국 수입시장에서 한국의 수출품이 차지하는 비중이 3년 만에 10%대가 무너졌다. 자국 산업을 육성하려는 중국 정부의 정책적 드라이브와 사드 보복이라는 두 가지 요인이 동시에 작동하면서 자동차, 휴대전화 같은 한국의 수출 효자 품목들이 중국시장에서 경쟁력을 잃어가고 있다.

한국경제에 중국 대안은 동남아시아뿐이다. 지난달 말 정부는 '포스트 차이나' 시장으로 급부상하고 있는 동남아시아국가연합(ASEAN)과의 협력을 총괄하는 '아세안 범정부

TF'를 대통령 직속 기구로 연내 출범시킨다는 계획을 발표했다.

이런 절박한 시점에 동남아의 선도국가인 베트남에서 '호찌민-경주 세계문화엑스포 2017'을 개최하는 것은 인구 6억 4000만의 아세안경제공동체(AEC)의 관문을 통과하는 축제였던 셈이다.

베트남은 최근 10년 동안 경제성장률이 연평균 6%대, 주가상승률은 7.5%에 달하는 고도성장국이다. 베트남은 또 중국, 미국에 이어 한국의 3대 교역국이다. 삼성전자와 LG전자 등 대규모 프로젝트 증가에 따른 동반투자의 증가로 베트남 외국인 투자 1위 국가가 한국이다. 우리 지자체와 기업들이 앞 다투어 베트남에 진출하고 투자처로 각광받고 있다.

이에 따라 이번 엑스포를 문화와 경제가 결합된 경제엑스포로 만든다는 계획을 세웠다. 경제엑스포를 위해 한·베 경제교류확대 국제포럼, 한·베 비즈니스 콘퍼런스 및 수출 상담회, 우수상품관, 뷰티관, 농식품 홍보관 등이 마련되는 경제 바자르와 한류우수상품전, 무역사절단 파견, 국제전시박람회 참가, 청년창업기업제품 해외 판로개척 지원 등 다양한 행사가 열렸다.

'호찌민 - 경주 세계문화엑스포 2017' 현장에서 문화와 결합된 비즈니스의 새 장이 열린 것이다. 기존 경제 중심의 상호발전 관계에다 문화를 통한 공감과 신뢰구축을 더하면 한·베 관계는 성숙한 '파트너 관계'로 미래를 함께할 수 있을 것으로 기대된다. 미국·영국, 독일·프랑스처럼 경제와 문화가 함께 나아가는 두 나라 관계가 이룩되면 외교안보 측면에서도 큰 힘이 될 것이다. 당장 내년 봄부터 본격적으로 해외여행을 시작한 베트남을 비롯한 동남아 관광객들이 경주를, 코리아를 더 많이 찾게 될 것이다. 베트남 경주세계문화엑스포는 어느 때보다 경제효과를 크게 거둔 '되로 주고 말로 받는' 문화외교의 모범사례가 될 것으로 기대된다.

경주세계문화엑스포가 베트남으로 가는 까닭은

경주세계문화엑스포가 베트남 호찌민시와 '호찌민 - 경주
세계문화엑스포 2017'을 위한 MOU를 체결했다. 이를 통해
2006년 앙코르와트, 2013년 이스탄불을 거쳐 해외에서 개
최하는 세 번째 경주세계문화엑스포가 본궤도에 올랐다.

그동안 경상북도는 문화융성을 통한 창조경제를 견인하
고 정부의 유라시아 이니셔티브 정책을 뒷받침하기 위해
'실크로드 문화대장정'을 진행해 왔다.

2013년 이스탄불 - 경주세계문화엑스포 개최와 육상실크
로드 대장정을 시작으로 '실크로드 경주 2015' 개최와 유
라시아 친선 특급 참여를 통해 철의 실크로드를 타고 베를

린까지 달렸으며, 이제 동남아시아 해상교통의 중심지 베트남에서의 경주엑스포 개최를 통해 해양으로 나아갔다.

경주세계문화엑스포는 2013년 이스탄불 행사의 대성공을 통해 우리의 전통문화가 전 세계인들을 감동시킬 수 있다는 것을 확인했다. 전 세계인들도 한국문화의 원형질과 유구한 역사에 관심을 가지고 있다는 것이다. 2014년의 이스탄불 답방 행사와 '실크로드 경주 2015'는 '실크로드'라는 주제로 세계적 문화축제로 도약함과 동시에 정부의 유라시아 이니셔티브 정책을 구체화시켰다는 평가를 받았다.

'호찌민-경주 세계문화엑스포 2017' 개최는 유라시아 이니셔티브 정책을 동남아시아로 확장하는 중요한 계기가 될 것이다. 베트남은 한국과 전략적 동반자 관계에 있는 국가이며 호찌민은 인도차이나 반도 동남부 지역의 정치·문화·교통의 중심 도시로 캄보디아, 라오스 등 아시아 문화공동체를 위한 지역적 네트워크 구축이 용이하다는 점에서 최고의 개최지라 할 만하다.

호찌민은 베트남의 최대도시이자 경제수도라 할 수 있으며, 한국의 많은 기업들이 진출해 있다. 베트남은 새마을운동에 대한 관심 또한 지대하고 경상북도가 주도하고 있는 한국형 농어촌종합개발 프로그램이 확산되고 있다.

또한 문화적으로 베트남은 전 세계적인 한류열풍을 선도한 국가로 한국 문화에 대한 긍정적 이미지와 친밀성을 갖고 있다. 한국과 베트남의 국제결혼인구가 5만 명 이상으로 박근혜 전 대통령은 2013년 베트남 방문 당시 베트남을 가깝고 소중한 가족 같은 관계로 '사돈의 나라'라 칭했다. 현재 국내에 체류하고 있는 베트남인은 약 13만 명 이상이며 유교적 전통을 공유·계승하고 있어 한국과의 정서적 배경도 유사하다.

경제적·문화적으로 가까운 사이인 베트남이 경주세계문화엑스포 개최의 최적지로 선택된 이유이기도 하다.

베트남 정부와 호찌민시는 행사를 위해 호찌민시 대표 관광지이자 근대 역사의 현장인 통일궁, 시청 앞 광장, 독립기념공원, 오페라하우스 등의 장소를 제공키로 했다. 2013년 터키 이스탄불시가 아야소피아 대성당과 블루모스크 사이 광장과 시내 핵심지역 10여 곳을 한국의 전통문화를 세계에 알리는 장소로 빌려줌으로써 '통 큰' 환대를 했던 것처럼 호찌민시는 중심시가지 전체를 이번 행사를 위해 내주는 것이다.

세계 10대 무역대국이자 OECD와 G20 회원국가, 짧은 시간에 원조를 받던 나라에서 원조를 주는 나라가 된 국가,

개발도상국들의 교과서 같은 나라인 대한민국이 치르는 국제행사, 그 대한민국을 대표하는 역사문화도시 '경주'가 개최하는 문화행사라는 점에서 베트남 정부와 호찌민시는 크게 환영했다.

경주세계문화엑스포는 '호찌민 - 경주 세계문화엑스포 2017'을 한국과 동남아시아의 협력과 상생을 위한 새로운 에너지로 만들어 갈 것이다. 이 행사가 세계가 주목하는 유라시아로의 문화적 진출과 문화융성을 통한 창조경제 실현이라는 시대적 과제를 푸는 '솔루션'이 되길 기대한다.

한국의 대외전략과 베트남

- 경주세계문화엑스포의 역할

한반도 사드 배치를 둘러싼 한·미, 한·중, 미·중 간의 갈등을 지켜보면서 우리나라가 참으로 고단한 나라임을 알수 있다. 자칫 고립무원으로 빠져들지도 모른다는 노파심까지 든다.

미국과 세계패권경쟁을 넘보는 수준으로 막강해진 중국은 현재의 동북아 질서를 '비정상'으로 간주, 자국의 역사적 경험과 기준에 맞는 전략적 목표를 정해 놓고 꾸준히 밀고 나가는 것으로 보인다. 얼마 전 열린 미·중 정상회담에서 시진핑이 "한국은 원래 중국의 일부였다."고 트럼프에게 말한 것으로 보도된 데서도 중국의 본심이 무엇인지 드러난다. 중국은 아편전쟁 이전 왕조시대 때 한반도에 대한 자국의 영향력 수준을 기준으로 놓고, 미국의 영향력을 줄여나가서 마침내는 미국을 한반도에서 배제하는 것을 '장기 정상화'로 보는 것 같다. 러시아의 푸틴이 2차 대전 후 냉전시대 소련이 동구를 장악했던 것을 이상적인 기준으로 놓고, 지난 2014년 크림반도를 합병했던 사례를 교과서나 참고서로 삼고 있을지도 모른다.

대륙세력을 대표하는 중국, 러시아가 20세기부터 세계질서가 미국, 영국, 일본으로 대표되는 해양세력에 기울어진 불균형을 이뤄왔으며 자신들이 정상화를 모색하고 있다고 굳게 믿고 있는 듯하다. 이런 흐름을 타고 북한은 한국과는 대화는커녕 핵과 미사일을 내세워서 강대국 행세를 하면서 한국을 중국과 대만과의 관계수준으로 격하시키는 것을 목표로 삼고 미국을 직접 상대하고 남한은 맞상대로 대접하지 않겠다는 심사다.

미국도 예전 같지 않다. 트럼프 정부가 기후 협약을 헌신짝 버리듯 하는데서 보았듯이 김창준 전 미국 연방하원의원은 최근 인터뷰에서 "한국이 사드를 놓고 흥정을 세게 하면 트럼프는 주한미군 철수 카드를 들고 나올지도 모른다."고 우려했다. 일본은 위안부 문제에서부터 독도까지 사사건건 한국이 외교안보적으로 불안정한 틈을 타 잇속 챙기기에 바쁘다. 이렇게 우리나라의 대외상황을 종합적으로 놓고 보면 한국은 참으로 고달픈 처지일 뿐 아니라 자칫하면 고립무원의 상태로 빠져들지 않을까 걱정이다. 모름지기 한 나라가 튼실하게 존립하려면 언제든지 서로 도울 수 있는 '형제 같은 나라'가 있어야 한다. 영국이 제국의 반열에서 내려왔지만 미국이 있기 때문에 그래도 유럽에서 큰소리를 칠 수 있다. 독일과 프랑스도 마찬가지다.

일본도 태국, 필리핀 등 파트너 국가를 갖고 있다. 한국은 어떤가? 미국을 꼽는 사람도 있겠지만 미국과 한국은 양국 관계의 출발부터 일방적이었기 때문에 우방이지만 서로 파트너 혹은 형제국가로 부르기에는 어색하다. 이런 한국으로서는 베트남이야말로 가장 적합한 '파트너국가'라 할 수 있다. 베트남은 중국 대륙의 변두리에 위치한 역사적인 경험에서부터 인종적으로나 문화 관습적으로 한국과 가장 공통점이 많은 나라다. 베트남은 고대로부터 중국대륙의 지배자와 다투어 온 역사를 가지고 있다. 그리고 일본에 대한 인식도 우리 못지않게 좋지 않다. 2차 대전 당시 비록 짧았지만 가혹했던 일제의 군국주의 착취에 대한 기억 때문이다. 한국과는 월남전쟁의 상처가 있다고 하지만 '세계 최강국 미국과의 전쟁에서 승리했다.' 는 자부심으로 '한국과 전쟁을 했다.' 는 인식은 별로 없어 보인다. 이런 가운데 한국·베트남은 경제적으로 상호 3~4위권 교역파트너가 되었고, 베트남에 가서 살거나 비즈니스를 하고 있는 한국인의 수가 20만 명을 헤아리고 있다.

삼성 휴대폰 대부분이 베트남산이라는 데서 알 수 있듯이 많은 국내 대기업들이 중국시대를 끝내고 베트남을 최대 해외 거점으로 키우기 시작했다. 우리 전통문화를 주류로 베트남의 경제수도 호찌민시에서 경주세계문화엑스포를 개최하기도 하였다.

단순한 이벤트가 아니다. 문화라는 인류의 가장 순수한 공통분모를 통해 베트남과 한국이 미국·영국, 독일·프랑스 같은 파트너 국가로 관계가 발전하도록 하는 초석이다. 베트남이야말로 고단하고 자칫 외로워질 수 있는 한국이 전적으로 손잡아야 할 나라다.

한국의 최대 난제와 경북적 해법

기업인들은 우리 경제를 실질적으로 이끌고 나가는 경제 주체의 핵심이다. 이병철 삼성 회장, 정주영 현대 회장 같은 영웅들의 시대가 가고 재벌 2·3세들의 행태는 일거수일투족이 국민적, 국가적 차원에서 주목을 받을 정도로 파장이 크다.

기업 가문의 행태는 가장 절실한 '먹고사는 문제'에 직결되어 있고, 동시에 양극화와 위화감 등에 영향을 미치는 사회적 문제다. 또 하도급기업의 종사자와 주식시장의 개미투자자 등 수많은 개인의 행복에까지 구체적인 영향을 미치는데, 이는 그 파장이 실질적으로 길고 깊기 때문이다.

2세 경영인 중에도 이건희 삼성 회장이나 정몽구 현대차 회장 같은 걸출한 인물이 있지만 몇 사람으로 안심하기에는 상당수 기업가들의 풍속도가 걱정스럽다. 재벌가의 최대 난제는 총수의 문제다.

대부분의 총수는 자신이 신처럼 영원한 존재라고 착각하는지 그들에게 은퇴라는 개념이 없다. 어느 누구도 그의 면전에서 은퇴는커녕 이선 후퇴에 대해서도 입도 뻥끗 못한다. 준재벌급 한 대기업의 창업자는 치매증세가 중증인데도 여전히 전권을 행사하는 자리에 앉아 있다. 그로 인한 인사와 투자결정의 난맥상은 이미 수년 전부터 나타났지만 누구도 거론조차 못한다.

치매 총수의 결정이 아침 다르고 저녁 달라서 참모들이 정신을 차리지 못한다. 거래 중소기업까지 포함하면 수만 명에게 막대한 영향을 미치는 이 대기업은 제정신이 아닌 기장이 모는 여객기나 다름없다.

의료기술의 발달로 건강수명이 늘어나면서 "현재 나이에 0.7을 곱해서 현재 80세이면 건강나이로는 56세"라는 희한한 계산법까지 들먹이며 '돌아가시는 날이 은퇴 날'이라고 여기는 풍조가 만연해 있다. 이런 풍토에서 아주 귀한 예외적 케이스인, 얼마 전에 타개한 코오롱그룹의 이동찬 전 회장과 LG그룹의 구자경 전 회장 같은 총수들은 실로 '현자 총수'들로 칭송받아야 마땅하다.

재벌가의 문제는 이미 한국의 국가적 리스크를 높이고 있다. 대한항공 조현아 부사장의 이른바 '땅콩 회항'에 대해 미국의 워싱턴포스트에 이어 영국의 일간 인디펜던트는 "한국인들이 분노하긴 했지만 놀라지는 않았다. 한국 기업 총수 일가의 횡포를 보여주는 가장 최근의 일일 뿐이었다." 면서 한국 재벌가의 일반적인 행태로 진단했다.

자본주의의 역사가 오랜 서구도 오래전에 이런 문제를 겪었지만 우리처럼 심각하지는 않았다. 이들은 이른바 기독교 윤리와 자본주의 정신을 교육받고 자라기 때문에 기업은 개인의 것이 아니고 신으로부터 위탁받아서 관리하는 것으로 여긴다. 이들과 '죽을 때까지 내 것을 내 마음대로 한다.'는 한국 기업인들의 무신론적 소유관은 근본부터 다르다.

한국처럼 가족지배 기업이 많은 이탈리아와 북유럽의 경우, 많은 기업들이 총수라고 해도 은퇴 나이를 일종의 '가문헌법'으로 정해놓고 있다. 업종에 따라 다르지만 봉사활동, 취미생활을 할 수 있는 육체적 힘과 정신력이 남아있을 때 은퇴를 해서 인생 2막을 즐긴다.

우리 기업인들이 올해를 이 같은 새로운 인생관과 기업관을 세우는 원년으로 만든다면 어떤 투자결정이나 구조조정 작업보다 훨씬 가치가 있을 것이고 이는 누대에 걸쳐 효과도 막대할 것이다.

기업계에 새로운 정신문화를 불어넣는 데는 경북이 가진 선비정신의 고유문화가 대단히 유용할 것이다. 이를테면 경북의 관련 학계가 전국경제인연합회와 손잡고 '기업정신문화 아카데미' 같은 것을 창설해서 차세대 주자들을 중심으로 선비정신에 입각한 한국형 기업가의 모델을 만들어서 실천한다면, 한국자본주의 발전에 큰 획을 그을 수 있을 것이다.

서울보다 지방의 부동산 대책을
서둘러야 하는 이유

정부는 서울 주택부동산 시장의 과열을 잠재우기 위해 아파트 대출요건을 대폭 강화하기로 했다.

우리나라의 주택문제는 지금까지 서울과 수도권의 문제에 다름없었다. 고도성장기 산업과 인구의 수도권 집중으로 정부의 부동산 대책은 언제나 서울에 초점이 맞춰져 있었다.

분당과 일산으로 대표되는 신도시 건설은 물론, 세종시 건설도 따지고 보면 서울에 쏠리는 부동산 문제에서 비롯된 것으로 볼 수 있다. 하지만 눈을 지방으로 돌릴 때가 되었다. 우리 경제가 고도성장을 거듭해온 과거, 인구의 서울

쏠림 현상에 불구하고 지방도 제조업 공장을 중심으로 한 근로자의 주택수요 때문에 지방부동산 시장 또한 서울만큼 은 아니었지만 꾸준히 성장했다.

고도 성장기에는 서울에서 넘쳐난 부동산 수요가 수도권 을 거쳐 지방 대도시와 중소도시로 흘러들었고 지방의 자 체 수요도 뒷받침되었지만 이제 그런 시대는 끝났다. 그나 마 지난 10년간은 2008년 세계금융위기 이후 전 세계적인 저금리 덕분에 부동산 시장이 정책적으로 버텨왔지만 그 약발도 끝나간다.

미국이 금리를 올리기 시작했고 한국도 금리인상에 앞서 부동산 대출규제부터 시작한 것이다.

문제는 서울과 수도권의 부동산 시장은 이런 정책 환경 변화에도 불구하고 지탱 가능하지만 지방은 그렇지 못하다 는 것이다. 불황일수록 그동안 저금리 덕분에 지방까지 몰 려갔던 투자수요가 서울로 되돌아갈 뿐 아니라 지방의 토 박이 수요까지도 서울로 몰려들게 마련이기 때문이다. 부 동산 경기가 나빠져도 서울은 버틸 것이라는 믿음도 있다. 이런 가운데 인구 절벽으로 머잖아 우리나라도 일본처럼 빈집 문제가 심각해질 것이 뻔하다. 일본의 경험을 보지 않 더라도 빈집 문제가 지방중소도시부터 불거질 것이라는 예측은 상식이다.

　산업기반이 약한 소도시 외곽에는 이미 빈 학교에 이어 빈집이 늘어나기 시작했다. 이처럼 중소도시의 주택시장을 조금만 내다보면 이미 신규주택건설을 규제해야 할 시점이지만 지방의 현실은 오히려 반대다.

　서울과 수도권에서 대량공급의 길이 막힌 주택건설업체들이 지방으로 진출, 서울 등 대도시에서는 한물간 고층주상복합 아파트 세일에 열을 올려온 결과 중소지방도시를 중심으로 미분양이 속출, 대량 빈집으로 이어질 우려가 커지고 있다. 그럼에도 지방 지자체들은 문제의 심각성에 대해 감도 못 잡고 있는 형편이고, 중앙정부도 오로지 서울의 부동산 대책에만 골몰하는 모습이다. 따지고 보면 서울과 수도권의 주택시장은 수요가 늘 있기 때문에 시장원리에 입각한 자율조정기능이 작동하게 마련이다. 따라서 정부가 너무 세심하게 개입하지 않아도 된다. 오히려 정부는 지방, 그중에서도 수요와 공급의 기반 자체가 너무 작아서 시장원리가 작동하기도 힘든 중소도시 주택문제에 더욱 신경을 써야 할 시점이다. 지방 부동산 시장은 주택 수급만으로는 해결되지 않는다. 서울 및 수도권과 지방이라는 이중구조가 해소되지 않는 한 저성장이 고착화된 상황에서 지방 중소도시 주택시장의 붕괴는 시간문제일 뿐이다.

일본도 이 문제를 해결하지 못해 지방에는 빈집이 속출하는데 도쿄, 오사카 양대 도시의 집값은 오르는 양극화가 갈수록 심해지고 있다. 그렇지만 우리나라는 일본과 달리 해결할 방법이 있다. 일본에 비해 작은 국토를 장점으로 활용하면 길이 보인다. 우리는 일본과 달리 일일생활이 가능한 구조이다. 전국의 도시를 고속철로 한 개의 도시처럼 연결이 가능하다. 서울과 대전, 대구, 부산, 광주 등 지방 거점도시는 물론 중소도시까지 고속철로 연결해 '서울의 전국화, 전국토의 한 개 도시화'를 세계 최초로 구현할 수 있다.

싱가포르가 좁은 도시국가이지만 세계 최고의 경쟁력을 자랑하듯이 우리도 좁은 국토를 오히려 발전의 기반으로 활용할 수 있다. 이렇게 하면 지방과 서울의 주택시장 양극화 해소는 물론 그동안 정치적 슬로건에 거쳐 온 '지역균형발전'이 구현될 것이다.

새해 최우선 국정과제, 지방가계부채

온 나라 온 국민의 에너지와 관심이 최순실 국정농단에 쏠려 있다. 미국이나 중국 같은 가진 것이 충분한 나라도 이런 식으로 가면 나라가 온전할 수가 없다. 정치가 잘못되면 국민이 방황하고 서로 증오하고 충돌하는 무정부 상태가 되는 것처럼 경제가 잘못되면 국민이 먹고 살기가 힘들어진다. 지금 우리나라는 정치가 정상에서 벗어난 이상으로 경제도 궤도를 이탈하고 있다.

경제가 서울과 수도권에 초점이 맞춰지는 경향이 심해지고 있다. 손발과 팔다리에 해당하는 지방경제가 곪아터지고 있는데도 얼굴인 서울만 보고 건강진단을 하는 형국이다.

특히 민생경제는 과거 고도 성장기처럼 서울 중심으로 관리하면 상황을 완전히 그르칠 수밖에 없다. 제조업에 기반한 한국경제는 불황기에 공단이 많은 지방의 타격이 훨씬 크게 마련이고, 이것이 지금 우리나라 경제문제의 핵심이다. 서울은 서비스업이 기반인데다가 외국인 기업과 외국인 관광 수요 등 이른바 글로벌경제 수요가 많기 때문에 우리 경제를 제대로 반영하지 못한다.

둘째, 지방경제가 앞날이 보이지 않으면 지방에 자산을 가진 사람들이 집을 팔고 가게를 처분해서 상대적으로 나은 서울로 몰려든다. 이런 '상경수요' 때문에 서울 강남의 부동산 경기는 우리 경제가 아무리 나빠도 끄떡도 없다.

지방경제가 불경기를 겪은 다음 다시 회생할 것이라는 확신이 있었던 외환위기 때와는 근본 양상이 다르다. 지금은 지방에 기반을 둔 한국의 제조업이 사양길에 접어들었기 때문에 갈수록 지방도시 자산의 서울 이전은 심화될 수밖에 없다. 이로 인해 지방발 가계부채문제가 올해 가장 심각한 경제 문제가 될 것이다.

셋째는 고속철도가 전국을 일일생활권으로 묶으면서 점점 '주말부부'라는 말이 사라지고 서울(수도권)에서 지방으로 출퇴근하는 인구가 늘어나고 있다. 그 때문에 서울과 수도권 도시의 주거·교육 수요는 번창하고 지방은 급속히 '유출도시'로 변해갈 우려가 크다. 이렇게 되면 쇼핑에서 주거·교육·문화까지 '서울 및 수도권 일극집중화'가 빠른 속도로 심각해질 것이다. 부산 대구 등 지방의 대도시도 현상유지에 급급할 공산이 커 보인다.

무엇보다 지방 중소도시들이 직격탄을 맞을 가능성이 가장 크다. 중소도시들은 이대로 가면 아파트를 중심으로 부동산값이 하락하면서 자영업과 중소기업 연쇄 부실로 치달을 수 있다. 특히 지방 중소도시 아파트가 골칫거리다.

서울·부산·대구까지는 아파트가 낡아도 재건축이 가능하지만 중소도시는 재건축 수요가 형성되지 않기 때문에 시간이 갈수록 자산 가치와 담보가치가 떨어지게 마련이다. 이런 상황인데도 정책당국자들은 과거 고도성장의 관성에 젖어서 서울과 수도권에만 초점을 맞추고 있다.

중앙의 언론도 마찬가지다. 어쩌다가 '조선산업 불황과 울산·거제 경제', '철강산업 위축과 포항 경제', '해운몰락과 부산 경제'를 '특집'으로 다룰 뿐이다. 관련 학계의 전문가들도 다를 바가 없다. 지방 중에서도 철강·조선·해운 등 사양 산업이 몰려있는데다 지진 여파에 시달리는 울산·경주를 중심으로 포항에서 부산에 이르는 '동남권'에서 가계부채문제가 심각해질 우려가 커지고 있다.

아직 비수기인 겨울이라서 실감을 제대로 못 하지만 다가올 봄철 경기도 풀리지 않을 것이 뻔하다. 이런 가운데 온갖 정치 일정까지 겹치고 있기 때문에 지역경제문제는 급속히 악성화될 우려가 커 보인다. 개헌도 선거도 '먹고 사는 것' 즉 경제가 안 되면 제대로 될 수가 없다.

지방분권, 국가와 지방 동시 발전의 지름길

고 정주영 회장이 정치를 시작할 무렵 몇몇 언론인들과 같이 한자리에서 이런 요지의 말을 한 적이 있다.

"우리나라 사람들은 머리가 비상하고, 생각과 주장이 워낙 다양하고, 자기 자식을 대통령감이라고 생각하는, 세계적으로도 유별나고 특출 난 민족이다. 대통령을 여러 명 두어야 이런 국민의 재주와 열정을 나라 발전에 제대로 써 먹을 수 있다. 현실적으로 그렇게 할 수 없기 때문에 행정구역을 적절한 규모로 재편성한 다음 대통령 한 명에게 집중된 권력을 지방으로 나눠주어야 한다. 그리고 '누가 누가 잘하나' 식으로 경쟁시키는 한편 지자체 파산제 같은 책임을 확실히 묻는 시스템을 도입하면 대통령을 여러 명 두는 효과가 날 것이다. 이러면 모든 지역들이 싱가포르 이상으로 발전하고 우리나라는 세계 최고가 될 것이다."

정 회장의 주장을 요즈음 시국에 비추어 되새겨 보면 지방분권개헌을 해야 한다는 취지로 풀이된다.

대통령 탄핵 이후를 '우리 역사의 낭비시대'로 기록되지 않고 '새로운 시작'으로 평가받게 하려면 개헌을 서둘러야 한다는데 공감대가 형성돼 가고 있다. 개헌에 대한 당위성은 세워졌지만 국민적 관심이 뜨겁지 않고 시큰둥하게 느껴지는 것은 왜일까.

우선, 일반 국민들이 볼 때 나라꼴을 세계적으로 창피스럽게 만든 기성 정치권이 개헌을 주도하려는 것부터 마음에 들지 않는다. 게다가 국회를 중심으로 거론되는 개헌의 내용들이 국민의 바람을 제대로 반영하지 못하고 있다. 개헌의 초점이 대통령에 집중된 권력을 국회로 얼마를 나누고 총리에게 얼마를 배분하느냐는 차원에 머물러서는 국민적 호응은 물론 시대정신의 충족도 미흡하다.

지금 논의 수준으로 개헌이 이뤄지면 얼마 못 가서 국민들의 눈에는 같은 정치 무대에서 배우들이 서로 배역을 바꾸는 연극을 보고 있다고 느끼게 될 것이다. 결국 새 헌법

아래서도 국민의 정치적 욕구나 불만은 기대만큼 줄어들지 않을 가능성이 크다.

특히 지방 사람들은 정치 경제 사회 문화 거의 모든 것이 중앙에 집중된 한국적 상황에서 중앙무대를 개편하는 정도의 개헌에는 감동하지 못할 것이다. 요컨대 21세기 헌법이 20세기에 만들어진 구형 헌법의 부작용을 수선하는데 머물러서는 새 헌법 역시 얼마 못 가서 구형이 될 수밖에 없다.

내각제의 나라 영국이나 대통령제의 나라 미국도 기존의 국가 시스템이 제대로 작동하지 않아서 갈팡질팡하는 것을 보고 있다. 우리 국민의 눈높이와 시대에 뒤떨어진 헌법을 고치면서 오래된 남의 것을 답습하는 수준에 머물러서는 안 된다. 이는 아날로그 전자산업에서 일본에 한참 뒤졌던 한국이 1990년대 아날로그를 과감하게 건너뛰어 첨단 디지털 전자산업에 매진한 결과 오늘날 세계 최고의 가전 대국을 꽃피운 것과 같은 이치다.

디지털시대의 국민 정서는 중앙권력의 수평적 분산에 만족하지 않고 지방으로의 해체를 요구한다. 스마트폰 덕분에 100년 전 웬만한 국가가 가진 정보보다 더 많은 정보와 지식을 갖게 된 유사 이래 가장 똑똑하고 까탈스러운 국민들이다. 이들의 눈에 낙후된 '87년 헌법'을 웬만히 고쳐서는 대박나기 힘들다.

　디지털시대 국민들은 세금으로 국회의원을 뽑아서 국회를 운영하고 개인의 큰 이해관계가 걸려있는 문제를 대행시키는 아날로그식 간접 민주주의 시스템 자체를 시대에 뒤떨어진 구닥다리로 여긴다. '촛불'에서 보듯이 국민의 직접민주주의 욕구가 더 크게 폭발하기 전에 지방분권 개헌을 서둘러야 한다.

　지방분권을 통해서 국민과 동떨어져서 작동해온 중앙집중식 권력을 지방으로 분산시켜 국민의 직접 참여폭을 넓혀주는 동시에 국민이 스스로의 결정에 책임을 지도록 하는 것이 지금의 국가위기를 극복하는 해법이다.

5장

—

안보와 통일,
경주에서 길을 찾는다

경주, 읽기를
기회로

통일을 앞당기는 근본처방

연초에 만난 중국의 지한파 국제 문제 전문가는 비록 사견임을 전제로 하기는 했지만 정신이 번쩍 들도록 찬물을 끼얹는 듯한 말을 했다.

"광복 70년, 남북분단도 그 세월이 흘렀는데 한국의 정계, 학계, 재계, 언론계 지도층은 입버릇처럼 통일에 대해 얘기하지만 역사적 소명의식과 열의가 실제 통일을 견인하기에는 늘 아쉽게 느껴진다."

그는 이어 "통일을 견인할 위치에 있는 인사들이 베이징에 오면 대부분 '한반도 통일에 대해 중국은 어떤 입장이냐?'는 식으로 피상적으로 말한다." 며 "우리 당대에 반드시

통일을 이뤄낸다."는 치열한 고뇌와 열의를 전달하기에는 미흡하다고 덧붙였다.

같은 분단국가인 독일이 재통일된 지도 벌써 4반세기가 흘렀는데도 한반도에서 구체적인 통일 조짐이나 기운은 보이지 않는다. 실제 통일은 요원해 보인다. 이유가 무엇일까? 우리는 우리 스스로 통일에 대한 열의가 대단하다고 생각하지만 착각이다.

우리를 지켜보는 중국 같은 이웃나라의 평가나 통일을 이룩한 독일의 경험에 비춰보면 우리의 통일염원은 관념적이고 피상적이어서 실제 통일을 실현할 수준에는 이르지 못하고 있다.

실제 통일을 이룩한 독일과 비교해 보면 더욱 선명해진다. 1990년 재통일이 되기 이전 독일은 지금 우리와는 비교가 안 될 정도로 통일에 대한 염원과 공감대가 지도층은 물론 범국민적으로 형성되어 있었다.

독일과 한국의 통일에 대한 인식의 격차는 어디에서 비롯된 것일까? 이는 분단 이전 한민족으로 한나라를 이루고 살았던 시절에 대한 기억의 차이에서 비롯된 것이다.

독일은 여러 지역으로 나눠져 있다가 19세기에 이르러서야 늦게 하나의 근대국가로 뭉쳐졌고 이후 폭발적인 국력

신장으로 영국, 프랑스 반열에 올랐다. 이로 인해 '독일인은 뭉칠수록 좋다.'는 인식이 분명해졌다. 2차 세계대전에서도 비록 패했지만 세계 최고 수준의 국가 역량을 발휘한 경험을 쌓았다. 이처럼 독일은 분단 이전의 국가적·민족적 자부심이 생생하게 남아있었기 때문에 재통일에 대한 열망과 분단에 대한 거부감이 치열하고 절실할 수밖에 없었다.

하지만 우리는 남북분단 이전이 분단 못지않은 시련의 세월인 일제강점기였고 그 이전은 국가를 지켜낼 힘이 없어서 청나라에 사대해야 했고 마침내 일본에 나라를 통째로 빼앗겼던 구한말의 참담했던 기억이 남아있다.

우리에게 분단 이전 한 민족 한 나라로 살았던 시대의 민족적 수치심과 국가적 치욕의 기억들이야말로 통일에 대한 우리의 열망을 저해하고 있는 보이지 않는 족쇄인 것이다. 한국인이 한 민족 한 나라로 자부심이 가득해서 그 시절로 되돌아가고 싶은 때를 꼽으라면 아마 세종대왕 시절까지 거슬러 올라가야 할 것이다. 하지만 세종대왕 시대를 기억하는 사람들은 역사학자들 정도일 것이다.

따라서 통일의 근본 처방은 일부 역사학자들의 뇌리에 머물러 있는 우리 민족역사문화의 자부심을 국민적, 보편적으로 정서화하는 데서 출발해야 한다.

고대와 중세의 역사가 일본에 대해 우월하고 중국과 차별적임을 일반국민들이 제대로 알아서 한 민족 한 나라의 저력이 얼마나 대단한가를 실감할 수 있도록 해야 한다. 지금부터라도 우리 역사에 대한 교육 확대와 우리 전통문화에 대한 일반의 체감과 인식을 높이는 체계적 정책과 구체적인 실천을 대대적으로 전개하는 것이 통일의 지름길이다.

그런 면에서 현 정부가 문화융성을 국정기조로 잡은 것이 잘된 것이고, 이를 확장하여 문화와 역사를 통일의 인프라로 활용하는 정책을 펼 시점이다.

사드 배치 결정의 예기치 않은 소득

사드의 한국 배치 결정으로 한·중 관계가 요동치고 있다. 장기적으로 두 나라 관계에 어떤 영향을 미칠지는 더 두고 봐야겠지만 한 가지 분명한 것이 있다. 중국의 한국에 대한 깊은 본심을 확실히 알게 되었다는 것이다.

한·중 관계는 1960년대까지는 서로 적대시하는 사이였다. 한국전쟁 때 백병전을 수없이 치른 적이었다. 그러다가 1972년 한국이 전혀 예상치 못한 미·중 수교로 어정쩡한 입장을 견지해오다가 덩샤오핑의 개혁개방에 편승해 1990년 무역대표부를 거쳐 1992년 정식 수교에 이른다.

그 이후 한중 관계는 예전의 원한을 확실히 청산하기로

했는지 뒷전으로 미뤄 놓았는지, 애매한 가운데 경제관계로 더없이 밀착해왔다. 이제 사드 배치를 계기로 서로의 처지와 본색을 제대로 인식하게 된 것이다. 특히 상대방을 깊이 알려 들지 않고 '남도 나 같을 것'으로 지레짐작하는 버릇이 있는 한국 사람들은 사드 사태를 통해 그동안 중국을 그려온 그림이 잘 묘사된 사실화인지, 실체와 동떨어진 작가주의 추상화인지 똑바로 알게 되었다.

사드에 대한 중국의 대응을 보면 미국과 세계를 양분할 명실상부한 G2의 수준에는 미달이라는 것이 드러났다. 사드 배치 결정에 항의하는 몸짓으로 중국의 왕이 외교부장은 라오스에서 열린 아세안지역안보포럼(ARF)에서 리용호 북한 외무상과 장시간 비행기를 동승하고 같은 호텔에 투숙하면서 화기애애한 모습을 보여준 것과는 대조적으로 윤병세 한국 외교장관을 만나서는 노골적으로 냉대했다.

G2를 자처해온 중국이 이런 세련되지 못한 외교의전을 연출한 것은 이 나라가 아직 세계와 동북아의 리더로 공인받기에는 멀었다는 것을 스스로 보여 준 셈이다.

라오스 국제회의에서 왕이 외교부장이 그렇게 살갑게 대했던 북한의 리용호 외무상 옆 자리에 다른 나라 외교장관들이 앉기를 꺼려서 자리를 재배치하는 해프닝을 벌였다고 한다. 이런 국제무대의 기피 왕따국인데다 사드 한국 배치의 원인 제공자인 북한과 어깨동무하는 모습으로 불만을 표시하는 중국은 아직은 대국이 아닌 '대국이 되고 싶어 하는 나라'이며, 이것이 중국의 현주소라는 것을 스스로 보여준 것이다.

중국은 필리핀과 남중국해 영유권 분쟁을 놓고서도 헤이그 상설 국제중재재판소(PCA)의 자국에 불리한 판결을 무시하고 계속 자기 고집대로 밀고 나가고 있다. 설사 국제재판소 판결에서부터 사드 배치까지 중국의 국수주의자들이 말하는 미국의 중국 포위 전략이라 하더라도 일대일로(중국에서 스페인까지 중국 주도의 경제실크로드를 닦는다는 전략)와 아시아인프라투자은행(AIIB)을 통해서 세계의 지도국 자리에 오르겠다는 글로벌비전을 스스로 무색케 하는 어처구니없는 처신이다.

제갈공명의 '천하삼분지계天下三分之計'처럼 세계 질서의 중심을 동아시아로 이동시키겠다는 큰 포부를 가진 나라가 세계가 합의한 국제재판소의 판결을 무시하고 자국의 이해관계에만 집착하는 신흥국가 수준의 태도를 보이는 것은 안타깝다.

중국은 1세기 전 미국과 유럽주도로 짜놓은 국제연맹이

마음에 들지 않는다고 전격 탈퇴를 통해서 열등감을 분노로 표출했던, 당시 일본제국의 우둔한 대외전략을 타산지석으로 참고해야 한다.

한국은 이번 사드 사태를 계기로 중국의 한국에 대한 깊은 본심이 무엇인지, 동북아시아 질서를 놓고 중국이 장기적으로 추구하는 의중이 무엇인지 그 진면모를 바로 보게 되었다. 이를 계기로 양국이 손자가 말했던 '지피지기知彼知己'의 전략적인 시각으로 길게 보고 서로에 대한 이해와 기대의 거품을 걷어내고 냉철한 자세로 임하면 서로 '윈윈'하는 '쿨'한 관계로 거듭날 수도 있을 것이다.

사드배치로 드러난 어리석은 중국의 선택

고고도 미사일 방어체계(THAAD·사드)의 한국 배치에 대해 막말 사설을 썼던 중국 관영 환구시보가 문제 사설을 삭제했다가 제목만 바꿔 다시 게재한 것으로 드러났다.

공산당 기관지 인민일보의 자매지인 이 신문은 지난 7일 "사드 배치를 지지하는 보수주의자들은 김치만 먹어서 멍청해진 것이냐", "사드배치 완료 순간, 한국은 북핵 위기와 강대국 간 사이에 놓인 개구리밥이 될 것"이라고 썼다.

이에 주중 한국대사관이 한국의 음식과 종교문화를 비하한데 대해 공식 서한을 보내 항의하자 삭제했다가 다시 게재했다. 이 한 편의 사설만으로도 중국은 미국과 더불어 세계를 관리할 두 강대국 'G2'로 불리기에는 수준미달이라는 사실을 알 수 있다. 중국이 얼마나 어리석은 나라인지 살펴보자.

중국은 미국과 어깨를 나란히 해 세계를 움직이는 초강대국이라고 스스로 확신하고 있는 것 같다. 착각이다. 초강대국이 되려면 군사력과 경제력만으로 안 된다. 사상과 가치에서 다른 나라를 압도하거나 승복시킬 수 있어야 한다.

과거 영국이 대영제국이 될 수 있었던 것은 당시 세계 최강의 해군력만은 아니었다. 영국은 민주정치를 제도화해 대의민주주의를 전 세계의 정치모범으로 발전시키고 확산했다.

미국도 군사력과 경제력 외에 국가주의에서 벗어나 개인의 자유를 우선하는 자유주의와 청교도 정신을 전파하면서 초강대국이 될 수 있었다.

이런 관점에서 지금의 중국은 가치나 이념, 비전에 있어서 전 세계가 승복하거나 공감할 아무 것도 없다. 중국은 우주개발에 성공한 기술력과 미국과 어깨를 나란히 하는 내수기반 2가지에 대한 자신감으로 우쭐해진 나머지 초강대국이 되었다고 자만하는 어리석음을 범하고 있다.

세계가 공감할 가치나 이념도 없이 초강대국 행세를 하면

할수록 주변국들로부터 반감만 키우고 갈등만 증폭시킬 뿐 우방도 동맹도 만들지 못한다. 중국은 사드와 북핵문제를 둘러싸고 한국과의 갈등뿐만 아니고 인도와는 전쟁 일촉즉발인 상태이다. 베트남·필리핀과도 영토분쟁 중이다.

이 틈새를 파고들어 일본이 주도하는 중국 봉쇄 연대론이 인도에서 호주까지 광범위하게 공감대를 형성해 가고 있다. 중국의 교만과 어리석음을 일본이 교묘하게 이용하는 셈이다. 중국은 거들먹거리다가 친구일 수 있는 나라들을 전부 적으로 돌려놓고 있다. 사드보복을 하면서 중국은 '중국에 좋다고 생각되면 무슨 짓이든 한다.' 는 자국이기주의 가치뿐인 나라라는 것을 적나라하게 보여주고 있다. 한반도 사드배치와 아무 상관도 없는 중국진출 한국기업에 화풀이를 하는 치졸한 짓을 계속 하고 있다.

한중 관계의 경색에도 불구하고 흔들림 없이 중국에서 경제에 기여하고 일자리를 창출하고 있는 한국기업들에 고맙다고 하기는커녕 보복을 가하는 어처구니없는 짓을 버젓이 하고 있다. 이런 중국을 지켜보는 세계의 기업들이 중국사업을 근본적으로 재검토하게 될 것이다.

중국시장이 크기 때문에 장사는 계속 하겠지만 기술개발 같은 장기간이 소요되고 핵심경쟁력을 좌우하는 대규모 투자를 중국에 하지 않을 것이다. 중국의 결정적인 실책과 우둔함은 북한을 다루는데 있다. 중국은 미국에 끌리지 않는 초강대국다워야 한다는 강박 때문에 깡패국가 북한을 끝없이 보호하는 실책을 지속하고 있다. 그 결과 중국 스스로를 위험에 빠뜨리고 있다.

중국은 한반도와 동북아에서 미국의 영향력을 줄여나가서 동북아 패권을 차지한다는 장기 전략을 세워놓았으나 이번에 상황을 완전히 거꾸로 돌려놓은 어처구니없는 낭패를 자초했다.

중국이 북한을 턱없이 감싸는 바람에 북의 버르장머리만 나쁘게 만들었고, 북의 핵도발로 인해 미국의 동북아에서의 위상이 위축되기는커녕 6·25 전쟁 이후 어느 때보다 존재감을 확실히 하게 되었다.

그뿐 아니다. 일본 재무장은 기정사실화되었고 일본도 핵무기 개발을 해야 한다는 목소리까지 나오고 있다. 중국은 동북아 패권은커녕 동북아에서 수세에 몰리는 꼴이 되었다. 중국은 어리석은 나라다. 어리석은 자는 제풀에 꺾이게 마련이다.

미·중·일 사이 기로에 선 한국의 선택

　네팔 지진 대참사는 인도 지각판과 유라시아 지각판이 충돌하면서 발생했다.

　네팔은 양 대륙판이 만나는 지점에 자리 잡는 바람에 주기적으로 비극이 발생했다. 1255년 지진으로 국왕이 사망했다는 기록이 남아 있고, 1934년에도 규모 8.1의 지진으로 1만 명 이상 사망자가 발생했고, 1988년에도 대형 지진 피해를 입었다.

　네팔이 양 대륙의 충돌 지점에 위치하는 바람에 비극을 되풀이하는 것처럼 한국도 대륙세력과 해양세력의 사이에 자리 잡는 바람에 양 세력의 판도가 바뀌거나 충돌할 때마다 참사를 겪어왔다. 중세 원제국의 일본침공과 임진왜란, 구한말, 6·25에 이어 이번에는 또다시 미국판과 중국판이 충돌하는 과정에서 기로에 선 신세가 되었다. 20세기를 이끌었던 패권국가 미국은 21세기 동북아 판도를 1세기 전 러일전쟁(1905년) 직후와 같은 판도로 짜는 것이 가장 바람직하다고 보는 것 같다.

아베 일본 총리는 미국의 이런 수를 읽고 있기 때문에 한껏 몸값을 높여서 외조부인 기시 노부스케의 숙원인 전쟁을 할 수 있는 나라 이른바 '보통국가'로 가려고 한다. 그는 지난번 미국 방문에서 상하원 합동 연설을 통해서 이를 공인받고 21세기 미일태평양동맹을 '1905년 동아시아 체제'를 모델로 하자는데 전략적 의견 일치를 이룬 것으로 보인다. 미국은 동쪽의 영국, 서쪽의 일본을 숙명적으로 함께 가야할 파트너라고 본다. 미국으로서는 동쪽의 영국보다 서쪽의 일본이 더욱 절실할 것이다. 영국은 대신할 만한 서유럽국가들이 있지만 동아시아에서는 일본만한 전략적 파트너를 찾기가 쉽지 않을 것이다.

미국으로서는 한국을 전략적으로 대등한 파트너로 보기에는 영토 인구 경제 과학 등 모든 면에서 일본에 비해 미흡할 것이다. 일본으로서는 1905년 러일전쟁 승리를 통해서 동북아의 메이저로 떠올랐고 세계 속의 일본의 위상을 결정한 '황금시대'로 본다. 일본은 러일전쟁 승리에 도취된 나머지 미국과의 전쟁으로 치달았던 이른바 '대동아전쟁 대실책'을 다시는 되풀이하지 않고, 1905년 체제로 회귀하는 것을 '상책'으로 세운 것 같다. 문제는 당시 러시아에 해당하는 중국이 허약하지 않다는 데 있다. 중국은 1905년 러시아처럼 맥없이 주저앉기는커녕 미국의 절대패권을 위협할 정도로 국제정치 경제적인 패권을 구축해나가고 있다.

지난 9일 모스크바에서 열린 2차 대전 승리 70주년 기념행사에는 시진핑 주석이 푸틴 러시아 대통령과 나란히 서서 대륙의 힘을 과시했다. 이처럼 대륙판의 힘이 1905년과는 판이하게 세졌다는 것은 그만큼 양 세력의 충돌위험이 커졌다는 얘기다.

한국은 해양판과 대륙판 사이의 동북아 대지진에 대비를 못 해서 철저히 당했던 임진왜란이나 구한말의 참극을 상기해야 할 시점이다. 지금 한국은 과거 역사의 비극을 되풀이해서 네팔과 같은 신세가 되느냐, 역사의 신기원을 이룩하느냐, 갈림길에 서 있다.

미국은 한국이 북한 때문에 일본과 함께하는 태평양 동

맹에 가담할 수밖에 없을 것이라고 보는 것 같다. 미국이 일본에 대해 위안부 문제 등 전쟁범죄 사과를 촉구하면서도 미·일동맹 강화에 가속도를 내는 것은 중국 공포가 너무 큰 탓도 있지만, 한국이 어쩔 수 없을 것이라고 보기 때문이다.

우리는 이럴 때일수록 종합적이고 전략적으로 책략을 세우고 역할분담을 해서 대처해야 한다. 우선, 북한을 달래고 소통해서 지금과 같은 적대관계를 청산하는 것이 가장 중요하다. 그래야만 미·중·일 사이에서 운신의 폭이 넓어진다.

다음으론, 중국과 일본과 한국이 대륙판과 해양판으로 나누어져 위치한 탓에 역대로 외교 군사적으로는 다퉈왔지만, 전혀 다른 측면이 있다는 점도 염두에 둬야 한다. 한·중·일이 불교와 유학 같은 고유전통문화의 뿌리를 공유하고 있다는 것. 이 점에 초점을 맞춰서 한국이 동아시아 문화교류의 촉매제 역할을 할 수 있다.

한·중·일에 대한 미국 시각 대응법

웬디 셔먼 미국 국무차관이 공교롭게도 3·1절에 "동북아 지역의 과거사에 대해 한국, 중국, 일본이 모두 책임이 있다."고 언급, 파장을 일으키고 있다.

셔먼 차관은 "정치지도자가 민족감정을 악용하고 과거의 적을 비난함으로써 값싼 박수를 얻는 것은 어렵지 않다. 그러나 이같은 도발은 진전이 아니라 마비를 초래했다."고 지적했다.

지금 동북아 지도자 중에서 셔먼 차관의 지적에 가장 맞아떨어지는 유형은 일본의 아베 총리다. 위안부 문제에서부터 야스쿠니 참배에 이르기까지 2차세계대전 직전의 제국일본의 극우 분위기로 회귀하는 것을 염두에 두는 것처럼 보일 정도다. 이런데도 미국이 일본과 한국, 중국을 동일선상에 놓고 양비론적 시각을 보이는 것은 실로 난감하다. 미국은 한국과 중국을 이해하지 못할 수밖에 없는 나라다.

미국은 2차 세계대전에서 이긴 나라다. 전쟁 막판에 후방 도시에 원자폭탄까지 투하하는 철저한 복수를 하고 항복을 받아냈을 뿐만 아니라, 일본을 비무장 전쟁불능국가로 거세하여 평화헌법의 굴레까지 씌웠다.이처럼 확실하게 보복하고 항복을 받아낸 미국은 일본에 대해 여유와 관용을 가질 수 있지만 한국과 중국은 다르다. 일본의 침략을 받았지만 제대로 보복은커녕 피해만 보고 미국, 영국, 러시아 등의 2차대전 대동맹의 힘에 편승하여 일본제국군대를 자국에서 몰아낼 수 있었다.

특히 한국은 식민지 상태로 종전을 맞았고 일본제국이 늦게 항복하는 바람에 서쪽에서 독일의 항복을 일찍 받아낸 러시아의 남진으로 남북 분단의 비극을 강요당하게 된다. 이런 한국과 중국에 대해 일본을 관용하라는 미국 국무부 차관의 언급은 너무나 미국적 시각이다.

미국의 본심은 동북아 과거사에서 벗어나자는 메시지라기보다는 동북아의 미래에 대한 미국의 이해와 의도를 드러낸 메시지를 띄운 것으로 보인다.

미국은 '해가 지지 않는 제국'이라던 대영제국이 예상보다 빨리 세계의 패권을 넘겨주게 되는 전철을 밟지 않아야 한다는 강박을 갖고 있다.

1990년대 소비에트 진영이 붕괴된 이후 유일한 패권국의 영광을 구가하던 미국은 최근 들어 중국의 확실한 굴기로 노심초사하고 있다. 이처럼 미국의 동북아에 대한 절대적인 이해관계에서 나온 발언이기 때문에 한국으로선 간단히 넘어갈 일이 아니고 넘어갈 수도 없다.

중국은 미국에 버금가는 자체 힘을 갖기 시작했고 일본은 미국을 뒷받침하기로 작심한 지 오래라면 한국의 외교 안보적 선택은 대단히 난감해진다. 한국으로서는 좌고우면할 시간이 없다. '위기를 기회로'로 만드는 창의적이고 전략적인 지혜를 발휘해서 동북아의 균형자를 넘어 동북아의 융합을 이끌어내는 담대한 도전을 해야 하는 시점이다.

미국의 시각에서 보면 동북아 3국은 침략 식민지배 전쟁으로 점철된 근대사의 적국들이지만, 고대로부터의 역사를 길게 보면 동북아는 문화공동체다.

동북아는 세계적인 시각에서 보면 한자와 공자의 사상을 공유하는 한 집안이나 같은 사이다. 동북아 문화공동체라는 관점에 서면 한국은 입지나 선택의 폭이 커진다.

중국은 고대로부터 종주국이라고 하겠지만 문화대혁명 등을 거치면서 유학의 진수를 많이 잃어버렸고, 일본은 독특한 독자성으로 인해서 동북아 대표라고 하기는 힘들다.

한국은 원형보전을 많이 하고 있기 때문에 한국, 중국, 일본은 문화적으로 절묘하게 상호보완적이다. 한국이 이런 점을 통찰하여 동북아 문화공동체를 주도한다면 미국의 동북아전략에 창발적으로 대응하는 한편, 21세기를 동북아의 세기로 만들 수 있을 것이다.

정치 불신이 커지고 있는 이유와 해법

　요즘은 TV코미디 프로그램까지도 정치인을 우스갯거리로 삼아서 민망할 정도로 풍자하고 있다.

　정치인의 위신이 이렇게 실추된 것은 일찍이 전례를 찾기 힘들다. 한국뿐 아니고 전 세계적으로 정치지도자들이 고전을 면치 못하는 현상이 일반화되고 있다. 국민이 대표자를 뽑아서 국정을 위탁하는 대의민주주의가 세계 곳곳에서 위기에 봉착했다는 신호가 끊임없이 들려온다.

　현대 대의민주주의 본산인 미국의 경우를 보자. 과거에는 하원의원을 뽑으면 지역을 대표해 수도인 워싱턴에 가서 국정을 논의하는데 전념하는 것을 당연하게 여겼다. 특히 텍사스주처럼 수도인 워싱턴에서 멀리 떨어진 주의 경우 3~4개월에 한 번 지역구를 방문해도 문제가 없었다. 하지만 요즘은 미국이 넓다고 해도 제트비행기로 2~3시간이면 어디든 닿는 데다 인터넷과 휴대폰의 일반화로 의원들이 일주일이 멀다하고 지역구를 찾지 않으면 의원직을 유지하기 힘들게 됐다고 한다.

과거에는 하원의원이 신경 쓸 필요가 없는 사소한 민원까지도 정보통신수단의 발달로 인해 의원들에게 바로 전달되면서 워싱턴에서 세계적인 큰 안목의 정치를 할 수 있는 여건이 점점 좁아져가고 있다.

그 결과 워싱턴에서 과거와 같은 존경할 만한 큰 정치인을 찾기가 갈수록 힘들어지고, 지역구의 작은 이해관계에 연연하는 정치꾼들이 판치는 흐름이 지배하고 있다고 한다.

유권자들도 세계화된 삶의 방식으로 인해 개인적으로 잘 나갈 때는 지역은 물론 나라의 문제에 대해서도 무관심하다가 실패하거나 고령화에 접어들어 개인적인 애로가 생기면 그 때는 민원을 들고 나서서 정치지도자들을 압박하는 것을 당연하게 여긴다. 이러다보니 미국 같은 나라도 선거 때 자원봉사자를 구하기가 점점 어려워지고 있다고 한다.

그 결과 미국도 선거비용이 TV광고뿐만 아니고 인적 비용이 폭발적으로 늘고 있다.

"조국이 당신에게 무엇을 해 줄 것인가 바라기 전에 당신이 조국을 위해 무엇을 할 것인지 생각하라."는 케네디의 연설은 1960년대에는 세기의 명연설로 칭송을 받았지만 이제 미국에서 어떤 정치인도 이런 투의 연설은 하지 않게 됐다.

그 다음, 과거에는 의회와 백악관의 주인이 리더십의 대명사이고 가장 존경받는 사람들이었지만 세계화가 가속화되는 상황에서 국민국가를 다스리고 지역을 대표하는 정치지도자들이 더 이상 최고의 리더십으로 간주되지 않게 됐다.

이제는 빌 게이츠, 스티브 잡스 같은 비즈니스 리더 혹은 창의적인 디지털 창업자가 가장 존경받고 세상에 영향을 많이 주는 지도자 군으로 부상하고 있다. 이로써 기성 정치인들의 위상과 설자리가 갈수록 좁아지면서 정치인을 대하는 세간의 눈이 한 세대 전에 비해 격하됐다.

특히 신세대들은 일상생활·거의 대부분을 온라인에서 디지털 서비스로 해결하고 있다. 실물을 보지도 않고 해외명품을 인터넷으로 '직구'하고 전 재산이 걸려있는 전세금을 인터넷으로 송금하는 데 전혀 문제를 느끼지 않는 신세대들에게는 대표자를 뽑아 국회로 보내서 나를 대신해 나의 큰 이해관계가 걸려있는 문제를 대행시키는 간접민주주의가 더 이상하게 여겨지고 실감이 나지 않는 구시대의 유물쯤으로 여기게 됐다.

이 같은 대의민주주의의 위기는 인류의 모든 변혁이 그러했듯이 기술의 발달을 사회시스템이 따라가지 못했기 때문에 초래된 것이다. 앞으로 국가개조와 경쟁력은 직접민주주의 요소를 적극적으로 받아들인 새로운 형태의 디지털 대의민주주의 시스템을 어느 나라가 먼저 무리 없이 정착시키느냐에 달렸다고 해도 지나치지 않을 것이다.

6장

—

세상의 길을 찾는다

경주 읽기를
기되로

차이나 쇼크, 모두에게 좋을 수 있다

한국이 1997년 외환위기 때보다 더 힘든 상황인가 아닌가를 놓고 논란이 일고 있다.

현재 상황만 멈춰 세워 놓고 보면 외환위기 때보다는 낫다는 진단이 맞다. 우선 외환보유고가 1997년 외환위기 때와는 비교가 안 될 정도로 든든하기 때문이다. 또한, 무역이 흑자이기 때문에 언뜻 보기에 한국경제는 좋아 보인다. 하지만 무역흑자가 수출증가세보다는 장기 저유가추세와 수입증가세의 둔화에서 비롯된 전형적인 축소지향 무역흑자라는 점을 고려하면 상황진단은 달라진다.

무엇보다 조선을 비롯한 대형 해외수주사업들이 중국에

밀려서 조선소 도크가 텅텅 비었다는 것은 지금의 무역흑자가 끝물이라는 것을 의미한다. 이 같은 수치적인 상황보다 더욱 암울한 것은 1997년과는 한국의 경제구조와 사회구조가 판이해졌다는 데 있다.

1997년 이전까지 한국은 종신고용과 완전고용이 보장되는 사회였기 때문에 외환위기가 닥쳤을 때 국민들의 공동체의식이 살아 있었다. 그 덕분에 장롱 속의 돌 반지를 내놓는, 세계가 놀란 결집력으로 위기를 극복할 수 있었다. 이제 상황이 완전히 달라졌다. 외환위기 이후 한국사회는 다시 예전으로 돌아가지 못하고 끝없는 이전투구 사회로 변질되고 말았다. 노사투쟁을 넘어서 급기야 세대 간에도 다투는 정글의 사회가 되고 말았다. 외환위기 당시에는 정부 관료들부터 'IMF(국제통화기금) 조기 졸업'을 통해 명예회복을 하고야 만다는 결의에 차 있었고 실제 그렇게 해냈다. 하지만 20년이 지난 지금 서울과 세종시를 오가는데도 파김치가 된 정부 관료들에게서 외환위기 때와 같은 결기를 찾아보기는 힘들다. 재계는 어떤가. 외환위기 당시만 해도 이건희 삼성 회장을 필두로 '위기를 기회로' 바꾸는 영웅들이 살아있었지만 지금 2세 3세들은 대부분 수성하는데 급급한 안쓰러운 모습들이다.

재계뿐만 아니라 학원재단 등 민간부문의 아직 살아있는 창업 총수들은 신격호 롯데 회장의 경우처럼 명예로운 퇴진경영(?)에 실패한 나머지 평생의 업적을 막판에 다 털고 가는 추태를 연출하고 있다.

이들에게 중국의 굴기와 일본의 재도전에 예전과 같은 선전을 기대하기는 힘들다. 차세대도 기대하기 힘들기는 마찬가지다. 외환위기 때 중·고교생으로서, 당시 아버지와 삼촌들이 직장에서 퇴출당해서 불행한 조기 은퇴의 삶을 사는 것을 지켜보면서 대학을 다니고 사회에 진출한 장년층은 '오로지 생존 본능뿐' 다른 여념이 없다. 이들의 다음 세대인 신세대들은 할아버지 세대와 아버지 세대로부터 물려받는 창조적, 도전적 DNA가 거의 없는 처음부터 '캥거루족' 들로 태어났다.

이들은 독립된 가장으로 세상에 나설 의지도 용기도 없기 때문에 부모가 여유가 있는 '금수저' 가 최상의 인생이고, 그런 행운이 없으면 아버지의 연금에 기대서라도 기생하는 생활에 익숙한 채 결혼도 출산도 관심 밖이다.

아들과 손자 세대가 이렇다보니 노년세대는 은퇴를 하고 싶어도 못하고 아들과 손자까지 돌보느라 한사코 정년 연장에 매달리는 추태를 연출하고 있다. 공동체와 이웃을 돌보겠다고 선서한 선출직 인사들까지도 대부분 '생존형 아니면 정년연장형'으로 전락하는 희비극이 벌어지고 있다.

1997년 외환위기 이후 한국은 신자유주의를 넘어서 독일이나 네덜란드처럼 '유연한 공존의 사회'를 만들어야 했는데 실패했다. 이런 상황에서는 1997년보다 약한 위기도 극복하기 힘들 것이다. 이제 2018년 지방선거를 치르게 되어 있다. 선거라는 것이 국론 결집보다는 분열이 본질이고 결집보다는 분열에 이골이 난 작금의 풍토에 비추어 볼 때 앞으로 무슨 일이 닥칠지는 생각하는 것이 겁이 날 정도다. 정책적으로 대비할 '골든타임'은 지났다. '각 분야 인재들의 총동원 체제'를 갖추는 것뿐이지만 '천우신조'가 있어야 가능해 보인다. 나라의 장래가 참 걱정이다.

중국이 한국을 함부로 하지 못 하게 하는 방법

중국이 미국의 사드(고고도미사일방어체계) 배치를 놓고 안보
와는 상관없는 롯데를 비롯한 한국 기업과 관광 등 양국 민
간의 교류와 상업 활동에 무자비한 보복을 하고 있다.

양국 간의 군사적인 긴장이 경제보복으로 이어지는 사례
는 세계적으로, 역사적으로도 드물지 않지만 전략 물자 같
은 안보 관련 분야에 국한되는 것이 상례이다. 그런데 중국
은 보통사람들의 쇼핑과 관광 같은 생활에 직격탄을 퍼붓
고 있다.

이는 중국이 스스로 민주주의와는 거리가 먼 국가 공권력
이 국민의 일상을 좌지우지하는 국가라는 것을 스스로 증

명하고 있는 셈이다.제주도에 도착한 크루즈 관광선에서 중국인 여행객들이 하선을 거부하는 촌극이 벌어질 정도로 중국 당국은 사드 문제에 감정을 자제하지 못하는 미숙한 나라다. 우리는 이런 중국을 상대하면서도 왠지 중국에 대해 후한 점수를 주거나 '설마' 하는 안이한 정서를 갖고 있다. 지금 중국은 과거 세계 최고수준으로 세련되고, 불교와 공자의 학문을 우리에게 전수해주었던 고대 중국과는 비교가 되지 않는 신흥국에 지나지 않는다.

미국과 더불어 세계를 관리하는 양대국 'G2'로 불리지만 아직 덩치만 커졌지 지혜가 모자라는 청년 같은 미완의 강대국이다. 따라서 중국에 대해서는 미국에 하듯이 여러 목소리를 내서 상대를 헷갈리게 하거나 정권에 따라서 안보자세를 왔다 갔다 해서는 안 된다. 우리의 안보관과 안보태세에 대해 '알아듣기 쉽고 간단하게 그리고 단호하게' 인식시켜야 한다.

아직 세계적인 경험과 관록이 모자라는 중국과는 이렇게 소통해야 한다. 우리의 사드 배치에 대해 '중국이 우리 입장을 속으로 알아주겠거니' 하고 기대하거나 '대충 얼버무리면 되겠거니' 해서는 안 된다. 사드를 배치하는 데 대한 한국의 입장을 다음과 같이 중국이 이해하기 쉽게 설명해

주어야 한다.

"중국과 한국, 우리 두 나라가 아무리 경제적으로 밀접하고 문화 등 여러 분야 교류가 잘 되고 있어도 만약 북한이 남한을 다시 침략할 경우 중국으로서는 한국에 대해 가장 잘 해주는 것이 6·25 때와는 달리 북을 돕지 않고 '중립'을 지켜주는 정도가 아니겠느냐. 중국이 한국에 군사 원조를 해줄 가능성은 없지 않느냐? 이런 상황에서 북은 핵미사일까지 개발하고 한국의 생존을 위협하고 있다. 한국이 미국에 안보적으로 의존하고 북한의 무기 체계가 고도화되는데 따라서 사드 같은 첨단 방어무기를 도입하는 것은 당연한 조치 아니냐? 따라서 앞으로 한반도를 둘러싼 국제정세가 근본적으로 바뀔 때까지 중국은 한국의 미국 의존 안보에 대해서 시비를 걸어서는 안 된다."

이렇게 분명하고 단호하게 우리 입장을 이해시키고 관철시켜야 한다.

중국이 미숙하지만, 이성을 가진 나라이기 때문에 우리가 논리정연하게 일관성을 가지고 우리 입장을 견지하면 함부로 못 한다.

일본은 오래전부터 자신의 입장을 분명하게 해 미·일 동맹을 아무리 강화해도 중국이 횡포를 부리지 못하도록 중국을 체념시켰다. 그 결과 남중국해에서 일촉즉발의 군사 위기가 계속되어도 중국인의 일본 관광을 규제하는 것 같은 일이 벌어지지 않는다. 그런 점에서 우리가 사드 배치를 놓고 국내에서 정치권을 중심으로 여러 목소리가 나온 것은 중국을 다루는데 결정적인 실책을 범한 것이다.

미국은 민주주의 국가이기 때문에 사드 배치든 쇠고기 수입이든 한국에서 여러 목소리가 나오는 것을 이해한다. 하지만 중국은 일사불란한 공산당 일당 지배 국가이기 때문에 사드 같은 안보 문제를 놓고 한국 내부에서 여러 목소리가 나오는 것을 보면 이해하지 못한다. 중국은 한국을 민주주의가 만개한 수준 높은 나라로 보지 않고 '자신의 생존이 걸린 문제를 놓고 내부적으로 왈가불가하는 꼴이 우습다.'고 속으로 폄하한다.

중국을 미국처럼 대하면 안 된다. 중국은 중국의 수준에 맞게 대해야 하는 것이다.

'강한남자' 들의 시대
- 한국의 차기리더 선택법

"그는 조심하는 게 좋을 것"

조폭영화에서나 나옴직한 언사다. 이 위협적인 말은 이란 대통령의 집회 연설에 대해 트럼프 미국 대통령이 응수한 말이다. 하산 로하니 이란 대통령은 테헤란에서 열린 이슬람 혁명 기념집회에서 이란의 미사일 발사에 대한 미국의 경고에 대해 "이란 국민에게 위협적 언사를 하면, 후회하게 해줄 것"이라고 밝혔다. 이에 대해 도널드 트럼프 미국 대통령은 아베 신조 일본 총리와 만난 자리에서 폭력배를 다루는 거친 경찰처럼 이란 대통령을 일갈했다.

트럼프 대통령은 이에 앞서 호주, 멕시코 등의 정상과 전화 통화하면서도 상대국과 체결한 합의를 무시하거나 과격하고 무례한 발언을 서슴지 않았다. 그날 트럼프 옆에서 미소 짓고 있던 아베 신조 일본 총리는 미국이 세계경영에서 유럽을 제치고 일본을 가장 신뢰하는 파트너로 삼는 것을 일본 외교의 궁극 목표로 삼고 있다.

그는 일본을 다시 전쟁할 수 있는 나라로 만든 다음 인도, 호주까지 중국 봉쇄의 망을 연결하기 위해 동분서주하고 있다. 아베는 한국에 대해선 외교 관례 따위는 안중에도 없다는 듯이 강공을 펴고 있다. 부산의 소녀상 설치문제로 소환한 주한일본 대사를 한 달이 넘도록 돌려보내지 않고 있다.

제2차 세계대전이 일어나기 직전에나 있었던 나라 간의 폭력적인 광경이 벌어지고 있는 지금이다. 상황이 얼마나 좋지 않으면 미국과의 혈맹으로 2차 대전을 승리로 이끌었던 영국의 원로 의원이 '반이민' 행정명령에 서명한 도널드 트럼프 미국 대통령을 히틀러와 비교하며 강하게 비판하기에 이르렀을까.

트럼프에 뒤질세라 시진핑 중국 주석도 '강한 남자'의 면모를 과시하고 있다. 시진핑 국가주석은 2017년 신년사에서 다분히 트럼프를 의식한 듯 '중국을 건드리면 일전 불사

한다.' 는 식의 발표를 했다.

"영토주권과 해양권익을 결연히 수호할 것이며 누가 어떠한 구실을 삼는다면 중국 인민은 절대 타협하지 않을 것이다."

국제분쟁 중인 남중국해에서 미국이든 일본이든 계속 시비 수위를 높이면 '한판 붙을 수 있다.' 는 엄포를 놓은 것이다. 그 수위가 냉전이 끝난 이후 최고조에 달하고 있다. 시진핑은 사드(고고도미사일방어체계)의 한국배치를 문제 삼아 자국민의 한국관광까지 가로막는 거의 전시통제에 가까운 막무가내 압박을 망설이지 않는다. 거칠고 강한 리더로는 러시아의 푸틴을 빼놓을 수 없다. 시리아 내전을 해결한다는 명분으로 개입한 러시아는 미국에 버금가는 공군력으로 2차 세계대전 때 썼던 무차별 융단폭격을 해서 유엔안전보장이사회가 긴급 소집될 정도였지만 눈도 까딱하지 않고 밀어붙였다.

이런 푸틴이 사드 문제를 놓고 중국을 뒤에서 거들면서 북한의 핵미사일 발사에 대해선 강 건너 불 보듯 하고 있다. 강대국들이 약속이나 한 것처럼 '강한 남자' 들이 권력을 잡고 '조폭외교' 시대를 열자 신흥도 생존본능이 작용하면서 '강한 리더' 들이 득세하고 있다. 필리핀의 두테르

테 대통령이 대표적인 인물이다. 그는 마약사범 살상 명령에 대해 당시 오바마 미국 대통령이 인권문제를 거론하자 "지옥에나 가라."고 일갈한 다음 전통적인 친미노선을 일거에 중국으로 틀어 미국을 궁지에 몰아넣었다.

터키의 에르도안 대통령도 자신의 철권 정치를 비판하는 EU(유럽연합)를 하루아침에 등지고 러시아의 푸틴과 손잡고 중동 문제에 대한 발언권을 높이고 있다. '강한 남자' 들이 득세하는 배경에는 이런 살벌한 시대에는 '강한 지도자'에 기댈 수밖에 없다는 대중의 생존본능 심리가 작용하고 있다.

한·중·일 갈등에 대한 근원 처방

　한국과 중국, 일본 3국 지도자들이 청와대에서 한·중·일 정상회담을 개최하고 3국 간의 현안문제 등에 관해 논의한 적이 있었다.

　3국 정상들은 공동 선언을 발표하는 등 모처럼 화해무드가 조성되었지만, 3국 간의 과거 역사 문제 등에 있어서는 팽팽한 신경전이 벌어진 것으로 전해졌다.

　일본을 비롯한 주요 외신들은 이날 3국 정상들은 회담에서 역사문제를 두고 서로 팽팽한 입장을 견지했다며 역사인식 문제에서 한국과 중국이 일본을 견제하면서 공방을 벌였으나 3국의 깊은 골이 부각되어 합의점을 찾지 못했다고 전했다.

3국 정상회담에서 중국의 리커창 총리는 "협력은 역사 등 민감한 문제를 해결한 후에 성립한다. 이렇게 가까운 나라이지만 일부 나라는 여전히 역사에 대한 깊은 이해가 이뤄지지 않고 있다."며 일본을 우회적으로 비판했다.

박근혜 전 대통령은 역사문제에서는 중국을 거드는 한편, 한국이 환태평양경제동반자협정(TPP) 가입 시 일본이 협력하겠다는 약속을 아베 총리로부터 도출하며, 중국과는 역사를, 일본과는 경제를 손잡는 입장을 취했다.

이 정상회담을 통해서 한국은 중국과 일본 사이에서 각각 양국 간 공통분모를 도출하는 방식으로 동북아의 균형자 역할을 한 것은 우리 외교의 새로운 지평을 연 것으로 평가되었다.

이번 경험을 살려서 앞으로 지속적으로 동북아의 균형자 역할을 수행할 경우 한국은 동북아의 갈등조정자로 입지를 다져나갈 수 있을 것이다. 비전은 좋지만, 구체적으로 어떻게 한국이 중국과 일본 사이에서 지속적으로 균형자 역할에서 갈등조정자를 거쳐서 화해자의 역할을 해낼 수 있을까? 결론부터 말하면 우리가 주도해 '한·중·일 전통문화 엑스포'를 매년 정기적으로 3국이 번갈아가면서 개최하는 데서 실마리를 풀어나갈 수 있었다.

경상북도가 2013년 이스탄불에서 개최했던 '경주세계문화엑스포'와 2015년 10월 18일 '실크로드 경주 2015'를 통해서 그 가능성을 엿보았다. 우리는 전통문화로 소통할 경우 언어와 종교가 완전히 다른 나라들 간에도 우호가 증진되고 심지어 종교 갈등과 국경분쟁이 벌어지고 있는 나라와 민족들 간에도 대화의 문이 열린다는 것을 확신할 수 있었다.

그 비결은 간단했다. 민족과 문화는 고여 있는 물이 아니고 흐르는 강물과 같아서 유라시아의 나라와 민족이 다양하지만 고대로 시간을 거슬러 올라가면 전통문화의 뿌리를 공유하고 있기 때문이었다.

이를테면 터키의 경우 지금은 한국에서 비행기로 10시간 넘게 걸리는 먼 나라이지만 다 같이 고대 중앙아시아에서 민족이 발원했기 때문에 고유전통문화의 원형질을 공유하고 있었다.

터키인들은 6·25때 한국을 도운 사실과 아울러서 한국 사람들을 '형제'로 반겼다. '실크로드 경주 2015'에 참가한 중동과 중앙아시아 국가들 중에는 사실상 전쟁 상태에 있는 나라들도 있었지만 고유전통문화를 통해 함께 춤추고 노래하고 즐겼고 2017년 해외에서 개최된 실크로드 문화축제에도 기꺼이 동참했다.

이런 경험에 비춰볼 때 한국·중국·일본이 매년 번갈아가면서 '고유전통문화축제'를 개최할 경우 지금의 유럽연합(EU) 같은 동북아공동체의 단초를 열 수 있을 것이다. 유럽연합은 유럽석탄철강공동체라는 경제적 공통분모에서 출발했지만 한·중·일 3국은 이미 경제적으로는 이 단계를 훨씬 넘어선 불가분의 관계이다.

이제 마음과 마음이 통하는 문화공동체를 추진할 경우 유럽연합보다 더 높은 수준의 동북아공동체라는 전대미문의 신지평이 보일 것이다.

호찌민에서 펼쳐진 감동의 드라마

2017년 베트남 호찌민에서는 한 편의 장대한 드라마가 펼쳐졌다. 한때 전쟁의 아픈 역사를 치른 관계인 한국과 베트남이 함께 노래하고 춤추며 문화를 교류하는 잔치였다. 전쟁과 아픔을 넘어 평화와 화합, 미래를 기약하는 '호찌민-경주 세계문화엑스포 2017'의 개막식 모습이다.

인류가 이 같은 감동의 드라마를 엮은 사례는 흔치 않다. 특히 이 감동의 드라마를 지방인 경북이 주도해 이뤘다는 것도 지방분권 시대에 큰 의미를 갖는다 할 수 있다.

마침 APEC(아시아태평양경제협력체) 정상회의 참석차 베트남 다낭에 머물렀던 문재인 대통령은 각국 정상들과의 연쇄회

담으로 바쁜 와중에 행사 개막축하 메시지를 직접 촬영해
보내주었다. 개막식에 참석한 국내외 내빈들과 관람객들이
다함께 대통령의 메시지를 지켜보며 박수를 보냈다.

　APEC 참석차 동남아를 순방중인 문대통령은 아세안과의
관계를 획기적으로 발전시키기 위한 '신남방정책'을 천명
했다. 신남방정책은 미·일·중·러 4강 외교 중심의 한국의
외교지평을 넓혀 동남아를 5번째 중요한 외교적 거점으로
삼겠다는 비전이다.

　아세안(동남아시아국가연합)과의 교역 규모를 지금 중국 수
준으로 확대하는 등 우리 무역의 다변화에 속도를 내겠다
는 것이다. 이런 시점에서 아세안의 중심국가 베트남, 그
중에서도 베트남의 경제 수도 호찌민에서 23일간 열리고
있는 '호찌민-경주 세계문화엑스포 2017'은 정부의 신남
방정책을 문화적으로 뒷받침하는 행사라 할 수 있다.

　중앙정부의 리더인 대통령이 베트남 등 동남아와 다자외
교를 펼치는 가운데 지방정부 리더들은 동남아의 경제중심
지로 발돋움하고 있는 베트남 호찌민에서 문화교류의 장을
펼치고 있는 것이다. 중앙정부와 지방정부 협업의 새로운
장을 여는 것으로 평가받아 마땅하다.

　베트남 역시 지방정부 주최 행사임에도 불구하고 중앙정

부가 나서서 이를 외교적으로 뒷받침하며, 행사장소 인·허가에 이르기까지 일괄 서비스를 제공했다. 특히 베트남인들에게는 국부 호찌민(胡志明)을 추모하는 성스러운 의미를 담고 있는 호찌민 시청 앞 광장과 호찌민시의 국민공원 9·23공원 등 최고의 장소를 엑스포 준비에서 철거까지 약 두 달 가까운 시간을 제공했다.

이는 베트남에 투자하는 1위 국가 한국에 대한 신뢰가 어느 정도인지를 단적으로 보여주는 사례다. 타국의 문화행사를 위해 길어야 3~4일을 내주었던 전례에 비춰볼 때 그야말로 파격적인 배려이다.

베트남은 우리에게는 없어서는 안 되는 나라가 되었다. 해외 생산기지로서의 매력을 잃고 있는 중국을 대신해 베트남은 수출물품의 생산기지로 한국기업들의 구세주 역할을 하고 있다. 우리나라 수출 휴대폰의 90%가 베트남인들의 손길로 최종 조립을 거쳐 전 세계로 나간다. 또 15만 명이 넘는 한국 내 베트남인들은 우리 청년들이 기피하는 지방 중소제조업 현장의 인력수요를 감당하고 있다.

다문화 여성들 중 베트남 여성들의 정착률이 가장 높은 것은 이미 알고 있는 사실이다. 이렇듯 고마운 나라에서 경제관계를 넘어 문화라는 인류의 가장 보편적인 가치로 소통하는 행사를 여는 것에 베트남도 감동하고 있다.

특히 올해는 한-베트남 수교 25주 년이다. 새 정부 출범 이후 처음으로 열린 해외 문화행사인 '호찌민-경주 세계문화엑스포 2017'은 중앙정부와 지방정부의 가장 모범적인 협업사례로 기록될 것이다

'브렉시트' 이후 세계와 한국의 선택

영국인들이 쏘아올린 '세계 질서 재편' 신호탄의 불똥이 어디로 어떻게 튈까? 우리의 최대 관심사는 미국이다. 미국도 영국을 따라갈까?

EU라는 유럽합중국은 경제와 안보적 필요에 따라서 만들어진 이해집단이지만, 미합중국은 신앙의 자유와 정치적인 자유 두 가지 자유정신으로 세워진 나라다. EU는 돈을 보고 결혼한 것이라면 미국은 같은 신앙으로 결혼한 부부라고 할 수 있다.

미국이 영국의 전철을 밟을 것이라는 생각은 성급하다. "유럽은 문제를 일으키고 미국은 문제를 해결한다."는 말이 있을 정도로 미국은 역사적으로 제1·2차 세계대전을 비롯해서 유럽이 저지른 골치 아픈 문제의 해결사 역할을 해왔다. 당연히 미국의 이익에 부합하기 때문이기도 했다.

미국은 영국처럼 간단히 세계주의를 버리고 고립주의로 회귀할 수 있는 처지가 아니다. 미국인들의 사해동포주의가 투철해서가 아니고 국제질서의 정점에 있는 미국과, 과거에는 제국이었으나 지금은 중급파워 국가로 내려앉은 영국과는 국익의 차원이 다르기 때문이다.

동아시아는 어떨까. 이번 사태로 일본이 가장 큰 변신을 할 것이다. 1세기 전 일본은 내란으로 뒤뚱거리던 러시아를 침몰시킨 다음 조선을 강점하고 열강의 반열에 올랐다. 이어 1차 대전 이후 서구 제국주의의 분열을 틈타 만주로 진출해서 세계강국이 되었다.

2차 대전 패전과 중국의 굴기로 눌려 지내온 일본의 보수 전략가들은 "유럽의 약화로 본래의 자리로 돌아갈 계기가 마련됐다."고 내심 쾌재를 부를 것이다.

20세기 초 사분오열한 유럽에 대한 불안 때문에 일본과 손잡고 세계전략을 펼친 경험을 갖고 있는 미국은 벌써부터 미일동맹을 강화해 왔던 터. 오바마 대통령 재임 시 일본 보수세력을 대표하는 아베 내각을 전폭 지지하기 위해 원자폭탄을 투하했던 히로시마까지 가서 헌화할 정도였다. 이제 유럽분열을 계기로 더욱 미일 파트너십에 박차를 가할 것이다.

미국은 북한 핵문제가 계속 질질 끌고 중국이 팽창주의를 밀고나갈 경우 일본의 핵무장까지 눈감아 줄 가능성이 높다. 미국으로서는 중국과 러시아를 동시에 다뤄야 하는 부담 속에서 일본의 역할과 비중을 높여주는 것 외에 다른 대안이 없다고 여길 것이다. 이제 한국은 구한말보다 더 힘든 상황에 놓였다. 밖으로 줄서기를 현명하게 해야 하고, 안으로는 쪼그라드는 살림살이를 되살려 놓아야 한다.

지금까지 국가전략이 '연습수준'이었다면 앞으로는 '진검승부'라고 봐야 한다. 그동안 중국 굴기가 본격화되지 않았기 때문에 미국은 한국의 중국과 미국 사이의 양다리 전략정서를 눈감아 주는 편이었다. 하지만 이제 미국의 최대 우방인 유럽(EU)이 붕괴 조짐을 보이는 판국에 더 이상 봐주지 않을 것이다. 제국주의 시대 1·2차 세계대전과 냉전시대를 돌이켜보면 국제정세가 위기로 치달을 때 한국 같은 '낀 나라'가 양다리 전략을 펼친다는 것은 '희망사항'에 지나지 않는다는 것을 역사적 경험이 증명하고 있다.

이런 상황이 전개되기 전에 독일처럼 남북통일을 이룩해

야 했는데 이미 늦어버렸다.

세계적으로 리더십의 위기라고 하지만 미국, 중국, 일본은 설사 리더십에 문제가 생겨도 스스로 지탱할 수 있는 경험과 역량이 있고 러시아도 자국의 이익을 지켜내는 수준은 된다. 한국은 미국, 중국, 일본, 러시아 등 주변 4대강국에 비해 가장 탁월한 리더십이 요구되는 상황에 놓여있다.

우리 역사상 국제질서 재편에 통찰력을 갖고 능동적으로 대처하고 위기를 역으로 발판삼아 국운 융성을 이뤄낸 사례는 삼국통일을 이룩한 신라뿐이었다. 김춘추와 같은 불세출의 외교관과 김유신과 같은 군사전략가가 요구되는 시점이다.

하지만 지금 우리 현실은 제 앞가림도 못하는 사람들이 리더가 되겠다고 이전투구를 벌이는 모습들뿐이다. 세계질서 재편과 리더십이라는 관점에서 보면 지금 한국은 구한말보다 나을 것이 없다. 다행히 한국은 민주주의 국가다. 국민이 제 정신을 차리면 좋은 리더를 뽑을 수 있다. 선거와 헌법 개정 문제와 같은 결정적인 계기에 현명한 선택을 못하면 임진왜란, 구한말에 이어 또다시 일본에 무릎을 꿇게 될지도 모른다.

각자도생의 생존 전쟁

1930년대 대공황, 70년대 오일쇼크, 90년대 아시아 외환위기, 2008년 미국발 금융위기에 이어 2016년 세계경제가 대혼란기에 접어들고 있다. 지금의 세계 경제위기는 2008년 위기가 이월되고 고질병이 된 것으로, 1차 세계대전의 전후 처리가 제대로 안 되고 국제공조가 지속되지 못했던 탓에 더 큰 재앙인 2차 세계대전으로 치달았던 역사를 연상케 한다.

2008년부터 세계는 미국 발 국제금융위기를 '무제한 돈풀기'라는 환자에게 아편주사를 놓는 식의 임시방편으로 버텨오다가 작년 말 약발이 다했다. 본격적인 표류의 시대로 접어들었다는 의미다. 오일쇼크, 아시아 외환위기, 세계 금융위기는 미국이라는 버팀목이 있었기 때문에 위기관리가 가능했다. 이제 미국이 각자도생의 길을 선언한 지금은 그것이 불가능해졌다.

1세기 전 대영제국이 세계경제질서의 주도자 자리를 자의 반 타의 반 내놓으면서 세계경제가 대혼란에 빠져들었던 것과 비슷한 양상이다. 그때처럼 세계적인 공급 과잉과 수요 부족으로 전 세계가 공황에 접어들고 있는 가운데 세계경제의 견인차 해결사 역할을 해온 미국이 혼자 살겠다고 금리인상에 나섰다.

당황한 중국은 미국달러와 운명을 같이하는 위안화 환율제도를 사실상 포기하고 위험천만한 홀로서기에 나섰다. '미국 따라하기'를 능사로 삼아온 일본도 미국의 발 빼기로 인해 아베노믹스의 명운이 다하면서 또다시 불황으로 빠져들고 있다. 유럽(EU)은 그리스 사태를 완전히 수습하지 못한 가운데 영국의 탈퇴 으름장에다 독일과 프랑스의 찰떡궁합도 예전 같지 않아서 콩가루 집안 꼴이다.

이 모든 문제는 교통 통신 상거래의 혁명으로 글로벌화된 세상에서 국가단위의 처방이 약효를 상실한 데서 비롯한 것으로 현재의 세계시스템으로는 근본 치유가 불가능하다.

하지만 미국·러시아·중국·유럽·일본처럼 오래전부터 '아수라의 세상에서 살아남는 법'을 체득해온 나라들은 어떻게 대처해야 하는지 알고 있다.

세계는 판도라의 상자가 열리고 있는데 한국은 온통 정치놀음, 선거 얘기로 연말연시를 달구고 있다. 포털사이트의 실시간 공감 뉴스, 많이 본 뉴스, 댓글 많은 뉴스 1~5위가 전부 정치 얘기이다. 정치 얘기를 통해서 국가 장래에 대한 구체적인 전략이나 비전을 논하는 것이 아니라 정치인들의 행각을 게임이나 프로 스포츠처럼 생중계해 대고 시청하는 데 열중하고 있다.

한국이 정치 바둑에 도낏자루 썩는 줄 모르는 시간에, 일본도 중국도 유럽도 중동사태 같은 먹고사는 생존문제와 직결된 경제 및 국제정세가 뉴스의 상위권을 장식하고 있다. 이런 상황에서 내년 지방 선거를 통해서 한국은 '각자도생의 생존전쟁'을 수행할 지도자들을 뽑게 되어있다. 국민의 함성이 이 흐름을 바꿔놓기를 기대할 뿐이다.

나라의 리더십이 부실한 이유와 해법

경제도 조선, 철강, 해운, 자동차, 전자 등 주력 분야에 빨간불이 켜진 지 오래인데 재계財界 지도자가 눈에 띄지 않는 것은 왜일까.

지금 정계든 재계든 주류는 베이비붐 세대, 즉 6·25전쟁 이후 태어난 세대다. 이들은 6·25전쟁과 4·19 민주화운동을 경험한 산전수전 다 겪은 '생존경쟁 세대'의 밑에서 자랐다.

정계뿐 아니다. 재계 리더들도 정주영, 이병철로 대표되는 창업오너 세대로부터 물려받은 2세 혹은 3세들이고 전문경영인 역시 창업기의 억척스러운 선배 밑에서 배운 사람들이다. 대학이나 문화계 등도 마찬가지다.

이들 베이비붐 세대는 6·25세대와 4·19 및 5·16세대들을 리더로 모시고, 이들이 시키는 일을 열심히 배우고 답습했을 뿐 자신들이 스스로 치고나가서 새 돌파구를 찾은 경험을 거의 해보지 못했다.

이들은 5·16을 거쳐 경제발전의 틀이 짜인 후 초등학교에 들어갔고 대학을 졸업하고 직업을 갖는 과정에서 사회환경에 잘 적응하고 주어진 일을 열심히 하는 데 열중한 세대다.

'낀세대'로도 불리는 지금의 60대들은 후배 세대인 386세대에 비해 목소리가 약하고 강한 선배와 별난 후배 사이에서 좌고우면하는 버릇이 있다. 이런 성향은 지금과 같은 전대미문의 위기상황이 닥쳤을 때 우왕좌왕할 뿐 기조를 설정해서 이끌고 가는 리더십이 부족하기 마련이다.

따라서 지금의 혼미한 정국에서 국제경제와 외교, 안보환경까지 갈피를 잡기 어려운 복합상황에서 60대 베이비붐 세대들이 리더십 역량을 발휘할 것을 기대하기는 힘들다.

386세대는 자기주장이 강하고 이상은 높은 데 비해 이를 구현할 역량이 상대적으로 부족하고 특히 국제경쟁에서 이기는 경험과 능력이 아쉽다. 이들 세대는 민주화에 몰두해서 역사적 업적을 이뤘지만 지금과 같은 국제환경에 적응하고 관리하는 글로벌역량을 기르는 데는 미흡했다.

이처럼 오늘의 한국사회 중추인 베이비붐 세대와 386세대는 6·25세대와 4·19 및 5·16세대에 비해 리더십 역량이 부족한 것이 사실이다.

이렇다 보니 정계부터 여당이든 야당이든 70대 고령 리더들이 주름잡고 있는 것이다. 세대교체가 제때 이뤄지지 않으면 장기적인 나라 발전에서 뒤처질 수밖에 없는 것은 자명한 일이다. 세계적으로 40대 리더들이 부상하는 것을 거울삼아 한국도 과감히 세대교체를 하는 것이 국가위기를 극복하는 근본 해결책이다. 차기 대통령을 비롯한 기성 리더들의 핵심 책무는 세대 교체의 환경을 촉진하는 것이다.

국민에 못 미치는 일본 지도자에 대한 우려

일본 열도는 IS의 고토 겐지 씨 참수 비보에 아직도 충격을 감추지 못하고 있다. 도쿄 시내에는 지금도 "나는 겐지다."라는 피켓을 든 추모객의 행렬이 끊이지 않고 있다. 비운의 주인공 겐지 씨의 모친 이시도 준코 씨는 아들의 참수 소식이 전해진 날 "슬픔이 증오의 사슬을 만드는 것은 원하지 않는다."고 말했다.

그녀는 "아들이 전쟁 없는 세상을 꿈꿨으며 분쟁과 가난으로부터 어린이들을 보호하기 위해 일했다."며 "아들의 신념이 전 세계인에게 전달되기를 바란다."고 말했다. 아들의 죽음 앞에서도 "폐를 끼쳐서 죄송하다."는 어머니를 보면서 자식이 죽은 원인을 가리기 앞서 정부 공격부터 시작하는 풍토에 익숙한 한국인의 눈에는 기이하게 보였다고 토로하는 사람들도 있었다.

일본은 국민들의 의식 수준은 높은데 비해 지도자가 국민 수준에 못 미치는 드문 나라가 아닌가 싶다. 희생자 가족들의 의연함과 평화주의 신념에 숙연해질 정도인데 비해 아베 신조 일본총리의 반응은 그 수준에 못 미쳤다. 아베 총리는 최근 국회 답변을 통해 "현재는 자국민 구출을 위해 자위대를 해외에 파견, 무력을 사용할 수 없게 돼 있다."면서 "당사국의 동의가 있을 경우 자위대의 능력을 살려 대응할 수 있도록 하는 게 국가의 책임"이라고 밝힌 바 있다.

미국 역사 교과서의 일본군 위안부 기술까지 수정하려 들다가 미국 학계의 강한 비판을 자초한 아베 총리의 수준을 보면 이번 인질 참수를 계기로 자위대 해외 파병을 보다 쉽게 하고 싶은 유혹에 빠질 공산이 크다.

일본의 해외 파병으로 한국은 식민지가 되었고 인류의 재앙인 태평양 전쟁을 초래한 역사가 그리 오래되지도 않았다. 자국민 보호를 내세운 파병이 전쟁으로 이어지고, 결국 자국민을 죽음으로 몰아넣는 것이 인류의 되풀이된 역사이며, 일본은 그 대표적인 전범 국가이다. 그런 역사의 교훈을 놓고 아베 총리가 얼마나 치열하게 고민해보았는지 의심스럽다.

지금 러시아와 우크라이나 사이에 벌어지는 전쟁도 자국민보호를 핑계로 시작되었고, 70년여 년 전 이 지역을 불바다로 만든 나치의 침공도 동유럽에서의 게르만 민족 보호를 구실로 시작되었다. 지금 서방의 공적이 되어있는 푸틴의 러시아는 원래 동유럽에 대한 기득권이라도 있는 나라라서 서방의 전략가들 중에는 러시아를 너무 압박하는 것은 현명하지 않다는 견해를 펴는 이도 있다.

하지만 일본이 겐지 씨 참수를 계기로 중동 등 분쟁지역에 파병을 쉽게 하겠다는 의욕을 내비치는 것은 명분이 없을 뿐 아니라 일본의 해외 파병으로 고통을 당한 한국과 중국, 동남아국가들에게 악몽을 떠올리게 할 것이다.

아베 총리는 버락 오바마 전 미국 대통령에게서 배우는 것이 좋겠다. 이른바 오바마의 '전략적 자제'는 야당의 비판을 받으면서도 "IS격퇴를 위해 지상군 파병은 없을 것"이라고 반복적으로 강조했다. 이는 '무력으로는 근본적으로 해결할 수 없으며 오히려 더 큰 비극을 유발할 수 있다.'는 미국의 오랜 해외 개입과 파병에서 얻은 교훈이 있기 때문이었다.

미국은 2차 대전 이후 큰 전쟁의 싹을 초기에 자른다는 명분으로 적극적인 개입정책을 펴왔다. 하지만 6·25전쟁을 제외하면 대부분의 무력 개입은 전략적 실패로 끝났다. 2002년 아프가니스탄과 이라크 침공 때만 해도 독재정권만 넘어뜨리면 중동이 평화와 안정을 되찾을 것이라 믿어 의심치 않았다. 2011년 '아랍의 봄' 당시엔 서구식 민주 세상이 열리고 있다고 여겼다. 하지만 열린 것은 제어 불가능한 '판도라의 상자'였을 뿐이다. 아베 총리가 겐지 씨의 어머니로부터도 배웠으면 좋겠다.

리더의 은퇴와 리스크 관리

전두환 전 대통령이 백담사에 가 있을 때 태국을 방문할 일이 있었다. 한국 언론인 일행을 안내하던 태국 측 관계자는 이렇게 물었다. "한국에는 높은 분들이 은퇴하면 출가하는 풍습이 있습니까?" 그 태국인은 전두환 전 대통령이 백담사로 가게 된 사연을 자세히 모르고 그저 한국의 전직 대통령이 사찰에서 생활하게 되었다는 정도로 알고 있었다. 당혹한 필자는 "그런 풍습이 일반화되어 있는 것은 아니고 개인사정에 따라서는 그런 경우가 드물지만 있습니다." 하고 얼버무리고 넘어가려했다.

이 태국인은 필자가 당황한 낌새를 눈치 채지 못했는지

말을 이어갔다. "전 대통령의 모습이 참 좋아 보입니다. 태국에는 젊은이들이 일정기간 출가를 하는 관습은 있지만 현직에서 열심히 일한 다음 은퇴해서 출가하는 것이 더 나은 것 같습니다."고 덧붙였다. 그러면서 그는 "사람은 재물이든 출세든 물적인 성취를 한 다음에는 영적인 삶을 살고 세상을 하직하면 복을 받을 것"이라고 신앙심이 깊은 태국의 공직자답게 마무리를 지었던 기억이 새롭다.

신격호 롯데 총괄회장의 상황을 지켜보면서 전두환 전 대통령의 일화가 떠올랐다. 재벌을 비롯한 기업인들은 우리 경제를 실질적으로 이끌고 나가는 경제주체의 핵심이다. 따라서 기업 가족의 은퇴와 후계문제는 인간의 가장 절실한 '먹고 사는' 문제에 직결돼 있는 동시에 위화감 등 사회적인 문제와도 엮여있고, 거래 하청기업의 종사자와 주식시장의 개미투자자 등 수많은 개인의 행복에까지 구체적인 영향을 미치는 그 파장이 워낙 실질적으로 길고 깊다.

요즈음 신문을 도배하는 롯데만의 특수한 상황이 아니다. 고령화 시대가 깊어지면서 신문 부고난에 이름을 올렸을 총수들이나 재벌이나 사립대학들의 상당수가 리더의 은퇴 리스크에 거의 무한 노출되어있다. 과학의 발달로 생명연장은 물론 회춘(?)의료 덕분인지 대부분의 총수는 자신이 신처럼 영원한 존재라고 착각한 나머지 '은퇴'라는 개념조차 없다. 이 같은 풍토에서 아주 희귀한 예외적인 케이스인 얼마 전에 타계한 코오롱그룹의 이동찬 전 회장과 LG그룹의 구자경 전 회장 같은 총수들은 실로 '현자 리더'들로 칭송받아야 마땅하다. 자본주의 역사가 오랜 서구도 오래전에 이런 문제를 겪었지만 한국처럼 심각하지는 않았다. 서구인들은 대부분 기독교신앙 속에서 자라면서 자연스럽게 물적인 삶과 영적인 혹은 봉사하는 삶에 대한 인식이 형성되었고 사기업도 가문이나 개인의 것이라기보다는 '하나님으로부터 위탁 받아서 관리하는 것'으로 여긴다. 이들과 '죽을 때까지 내 것을 내 마음대로 한다.'는 한국 기업인들의 무신론적 소유관은 근본이 다르다.

한국처럼 가족 지배 기업이 많은 이탈리아나 북유럽의 경우 아무리 총수라고 해도 대부분 은퇴 나이를 일종의 '가문 불문율'로 정해놓고 있다. 강제적으로 밀려나는 것이 아니고 평소에 못 다한 취미생활이나 봉사활동을 할 수 있는 육체적 힘과 정신력이 남아 있을 때 은퇴를 해서 인생 2막을 즐기도록 가이드 하는 것이다. 이젠 재계뿐만 아니라 한국사회 전반이 '고령화시대 리더의 은퇴와 승계 리스크'를 고민해야 할 시점이 아닌가 싶다.

국정위기의 근본 원인

　도널드 트럼프 미국 대통령은 당선 직후, 대선 기간 중 자신을 가장 격렬하게 비난한 롬니 전 매사추세츠 주지사와 회동했다. 그리고 트럼프는 경선 막판까지 경쟁했던 크루즈 상원의원을 만났다. 크루즈는 전당대회에서 "양심에 따라 투표하라"며 트럼프 지지를 끝내 거부했던 인물이다. 또 경선 기간 자신을 비난했던 공화당의 신예 헤일리 사우스캐롤라이나 주지사와도 접촉했다. 당시 밀러 트럼프 인수위 대변인은 방송 인터뷰에서 "트럼프 당선인은 '이들은 과거 경쟁자였다. 전에 우리와 정면충돌했다. 하지만 우리는 한 팀이다'라고 말했다."고 전했다.

한국 정치에서는 상상하기도 힘들다. 누군가 이런 인재 등용을 제안한다면 '정치를 모르는 이상주의자'라는 비아냥을 들을 일이 미국 정치에서는 보편적이다. 트럼프뿐만 아니라 역대 미국 대통령은 정치적 반대자들을 발탁하는 것과 반대당 출신을 등용하는 것을 당연시해 왔다. 경제, 외교, 국방 같은 분야는 '내편 네편'이라는 개념이 없다.

미국은 어떻게 이런 생각과 결정을 할 수 있을까. 미국의 지도자들은 물론 일반 유권자들도 정치와 정부가 단지 미국만을 위한 것이 아니라고 생각한다. 자유와 청교도 정신으로 건국한 나라답게 세계에 기여하고 세계의 문제를 해결하는 역할을 부여받았다는 세계관을 갖고 있다.

한국은 정반대다. 집권하면 반대당(야당) 인사들은 정부 인사에서 우선 배제된다. 당내 경선 기간 중에 반대편에 섰던 사람들도 발탁 대상에 오르지 못한다. 직전 정부 인사들도 대부분 제외된다. 여야가 바뀌어도 똑같이 되풀이 될 뿐 어떤 당이 집권을 해도 인재 풀이 넓혀지는 경우가 없다. '내편이 아니라도 유능하고 꼭 필요하면 등용한다.'는 생각 자체를 대통령이든 집권당이든 못한다.

왜일까. 한국은 '우리나라가 세계에 기여한다거나 지구촌에 유익해야 한다.'는 세계관이 형성돼 있지 않다. 세계관은 세계를 상대로 일을 해본 경험과 역사가 길어야 생성되는 것이다. 우리는 박정희 대통령 이후 수출입국과 월남파병으로 밖으로 향한 발걸음을 내디뎠지만 그 또한 우리자신의 먹거리를 밖에서 구한다는 경제욕구의 대외적 분출이었을 뿐이었다.

우리가 세계를 위해 구체적으로 일하기 시작한 것은 지난 2009년 경제협력개발기구(OECD)의 개발원조위원회(DAC) 회원국이 되면서다. 당시 이명박 정부의 녹색성장정책을 국제적인 공유정책으로 채택되게 한 것이 첫 경험이었다. 이렇듯 국제사회에 기여한 역사가 짧기 때문에 한국 정치지도자들의 뇌리에 세계적으로 기여하고 세계적인 문제를 관리할 수 있는 '세계일류 정부를 만들어야 한다.'는 개념이 별로 없는 것이다.

5000만 밖에 안 되는 인구에 이렇게 작은 인재 풀로 국가를 운영한 결과 미국은 물론 인재 가동률이 높은 독일을 비롯한 서구 선진국과 중국 등에 비해 국정 위기가 잦은 것은 불가피한 것이다.

한국이 위기에서 벗어나는 길은 간단하다. 인재 풀을 키우면 된다.

김황식 전 총리에게 길을 묻다

대담 _ 이동우

김황식

현) 안중근 의사 숭모회 이사장
전남 장성 출생
광주제일고 졸업
서울 법대 졸업
전) 대법관
전) 감사원장
전) 국무총리

이동우 _ 지방문제 경주문제를 얘기하려면 우선 총리님의 개인적인 얘기부터 꺼내는 것이 지름길인 것 같습니다. 총리님께서는 저희 같은 지방출신들에게는 이 시대 롤 모델이십니다.

전라도 광주에서 고등학교까지 나오셨잖아요. 흔히 가정형편이 괜찮은 지방 수재들이 상경해서 경기고등학교를 나온 경우가 많은데, 고향을 지키면서도 성공할 수 있다는 것을 보여주신 셈이신데요.

김황식 _ 예전에는 나와 비슷한 촌 출신이 많았지요. 나만 대단한 것은 아니었어요.

이동우 _ 대략 그 때 집안 형편이랑 이런 걸 뵈면 서울 유학하실 수도 있으셨을 텐데. 그때는 서울로 왜 안 오셨죠?

김황식 _ 대학은 서울로 가야되겠다는 생각을 했더라도 당시 광주에도 명문 고등학교가 있어서 거기에 진학해서 잘 공부하면 서울에 좋은 대학 가는 데 하등 지장이 없다 하는, 지방에 대한 믿음이 확고했어요. 특히 교육에 관한한.

이동우 _ 이에 연계시켜서 여쭈어보겠습니다. 사실 광주제일고등학교 나오면 서울대학 법과대학을 갈 수 있었던 그

때가 지금 우리가 개헌을 통해서라도 이루고 싶어 하는 지방분권이 더 잘 구현되고 있었다고 볼 수도 있겠습니다. 우리가 가려고 하는 길이 이미 예전에 갔었던 길이었다고 할 수 있겠습니다.

김황식 _ 갈수록 서울 중심, 수도권이 비대화되고 경제나 문화, 정치 등 모든 것이 수도권 중심으로 이루어지고 있는 현상인데. 돌이켜보면 예전에는 오히려 지방이 나름대로 교육이든지, 문화든지… 지금보다는 더 힘과 매력을 가지고 발전을 하지 않았나, 그렇게 생각을 해요.

예를 들면 지금은 60년대에 비해서 우리 자체의 인구가 2

배로 늘어났는데, 인구의 지방 비중은 오히려 2배 이하로 떨어졌습니다. 이런 상황이 되니까 지방은 결국 4분의 1, 5분의 1로 줄어든 그런 결과로 치달아왔다고 봐야 될 거에요. 저의 고향 장성읍의 경우 한때 인구가 12만이나 됐는데 지금은 5만이 안 돼요. 그만큼 수도권으로 옮겨 갔다 이렇게 봐야겠죠.

이동우 _ 우리는 경제개발시대부터 압축 성장, 불균형 성장, 서울 중심 경제 집중을 고도성장의 대가로 받아들이기로 했지만 어느 시점에는 슬기로운 조정이 이뤄졌어야 했는데 그것이 못 이루어졌어요. 그래서 역대 정부에서는 여러 가지 방법을 썼거든요. 특히 노무현 정부는 수도 이전까지 시도했었고 행정부 기능은 세종시에 두고 150개에 달하는 지방 공기업이 다 지방으로 옮겨지게 했는데요. 그럼에도 불구하고 지방문제는 해결되지 않고 있습니다.

지방의 근본 문제가 어디에 있다고 보십니까?

김황식 _ 그러니까 균형발전을 위해서는 우선 지방자치라든지 지방분권이라든지 이런 점들이 제도적으로나마 또는 인식으로 확고하게 자리 잡고 그런 노력을 해 왔어야 되는데…. 지난 시대에는 지방자치제가 사실상 폐지되고 중앙

집중이 강화되기도 했었잖아요. 그러나 궁극적으로는 지방화, 지방분권이라는 방향으로 나아가야 하는 것은 분명한데도 이렇게 지방문제가 심각해지도록 내버려둔 데는 무엇보다 정치권이 등한이 해왔다고 봅니다.

지방 분권 지방자치를 통해서 지방에 재정이나 문화를 확보해서 특색 있게 발전할 수 있게 그런 틀을 만들어 줘야하는 데, 우리가 그동안에 중앙정부나 정치권이 지방문제의 본질을 외면해 왔다고 봅니다.

그리고 노무현 전 대통령의 행정수도 문제도, 말하자면 우리가 생각하는 지방자치와 지방발전의 바람직한 모습과 재정과 문화를 어떻게 확보시켜주느냐 하는 문제에 대해서 깊은 성찰이나 그에 상응하는 제도를 만들지 않은 상태에서 다분히 정치적인 동기에서 선거하고 연계해서 이뤄진 측면이 크다고 봅니다.

수도를 옮기려는 발상이나 공기업을 일단 옮기고 보자 하는 것은 정치적인 요인이 작용을 해가지고 진행된 그런 측면이 있습니다. 지방자치 지방분권은 원래의 취지 그리고 그에 합당한 제도 이런 것들이 함께 선행되면서 이루어져야 되는 것을 정치적인 접근을 해서 모양만 갖춘 것이 되어버렸지요. 결국 지방자치의 본질적인 문제에 대해서는 깊

은 성찰이 없는 상태에서 이루어졌기 때문에 그 효과가 반
감할 수밖에 없고, 또 국민적인 공감과 시너지를 낼 수 없
었던 것이 아닌가, 그런 생각이 들어요.

이동우 _ 지금 사실 민선자치를 한다고 하지만 민선이 행정
의 효율성 이런 것이 아니구요, 지방단체장은 국회의원과
함께 어떻게 하면 정부 예산을 많이 따오느냐에 목을 맵니
다. 이렇게 해온 결과, 역설적이게도 지방의 재정 자립도를
낮출수록 더 훌륭한 국회의원, 더 훌륭한 도지사, 시장이
됩니다.

결국은 관선 단체장과 큰 차이가 없는 사고를 유권자에서부터 시장·도지사, 그리고 국회의원들이 하다 보니 지방에서 보면 자치라는 게 아니라 그야 말로 타치에 가까운 생각들을 가지고 있습니다.

이에 대한 반성으로 요즈음 뜨거운 이슈인 개헌에도 지방분권이 큰 비중을 차지하고 있습니다만….

김황식 _ 우리가 역사적으로, 우리 역사는 중앙집권의 역사였지요. 그리고 국토가 좁기 때문에 또 지방분권에 대한 필요나 이런 것들이 지리적으로도 적었다 할 수 있죠.

그러나 이제는 지방이 나름대로 지방의 특성을 살려가면서 그 지방의 장점을 최대한으로 발휘할 수 있는 그런 제도로 당연히 바꿔줘야 되죠. 그리고 오히려 다양하게 지방이 그 특색 있게 발전하는 그런 나라들이 오히려 선진국이지요.

미국이나 독일은 연방국가이고 일본도 상당히 오랫동안 분권 국가의 틀을 가지고 발전해왔던 역사의 뿌리를 가지고 있는 나라이기 때문에 우리도 지금이라도 지방의 특성, 강점을 잘 살릴 수 있는 그런 방향으로 제도를 만들어 나갈 수 있다고 봅니다. 결국은 지방이 특색을 갖고 장점을 살려서 발전하기 위해서는 권한과 재정이 뒷받침이 돼야 되는

데 우리는 완전히 재정이나 권한을 중앙이 틀어잡고 있는 그런 형국이죠.

국세가 80퍼센트이고 지방세가 20퍼센트로 조세 구조부터가 그렇고 이렇게 행정을 하다 보니 지방이 독자적인 고유권한을 가지고 하는 역할이 미흡합니다. 또 그러다보니 어떻게든 지방으로서는 말씀하신 대로 중앙에서 각종 교부금이나 보조금 등 어떻게든지 따오느냐 하는 문제가 지방의 최대관심사인데, 그건 정말 바람직한 일이 아니고 오히려 그렇게 합리적인 기준이 아닌 방식으로 지방재원을 획득하는 과정에서 오히려 국민 통합을 저해하는 그런 경우가 허다했었지요.

이동우 _ 맞습니다. 정치적인 주문들로 많이 가져가고요.

김황식 _ 그러니까 그런 정치파워에서 소외된 지방에서는 불만을 갖게 되지요. 앞으로 지방분권을 해 나가는 과정에서 지금이라도 어떻게 하면 국세-지방세와 비율을 합리적으로 조절을 해서 지방이 재정권한을 가질 수 있도록 하고, 경우에 따라서는 중앙에서 재정을 지원하는 과정에서도 그야말로 합리적인 요소에 의해서 재정이 배분될 수 있도록 하는 그러한 제도의 틀이 만들어져야 하겠어요.

또 과감하게 중앙의 권한을 지방으로다가 이전해 주되 그 전에 국가 사무하고 지방 사무를 다시 한번 정리를 해서 꼭 필요한 것 아니면 지방으로 넘겨줘야 합니다.

국세-지방세 조정 문제도 지방자치 단체 간에 재정자립 도라든지 경제력이 워낙 차이가 있기 때문에 그런 걸 잘 종합적으로 고려가 되어야 되지 그저 막연히 중앙 대 지방의 관점에서 접근을 해가지고 문제를 접근하다 보면 지방과 지방 간의 불균형 문제가 생길 것입니다.

가령 독일 같은 나라는 연방국가인데도 각 지방 간 경제력 격차를 감안해서 지방재정 균형제도, 그러니까 각 지방 서로 간의 균형이 될 수 있도록 그걸 조정하는 제도를 헌법에 넣어놓고 있을 정도로 세심합니다. 우리도 이런 문제까지 구체적으로 함께 고민을 해야 합니다.

이동우 _ 지금 지방 문제를 보면 가장 핵심적인 문제가 교육입니다. 그동안 지방교육 진흥을 위해 자사고와 특목고 이런 것으로 지방교육진흥을 해보자 해서 민사고도 나왔는데, 최근 들어서 정반대로 서울이든 지방이든 상관없이 평등주의로 흐르고 있습니다. 평등주의 교육이 결국 부동산 정책과 충돌을 일으키면서 서울 강남 8학군이 부활하고 강남집값이 폭발하는 부작용이 엄청난 것을 목견하고 있습니다.

지방 교육문제. 어떻게 보십니까?

김황식 _ 기본적으로 문화 교육정책에 대해서는 독일도 그렇지만은, 중앙보다도 교육이나 문화 문제에 대해서는 그건 완전 기본적으로 지방의 업무라고 보는데서 출발해야 합니다.

우선 교육부터 지방이 알아서 결정하도록 이렇게 하고 우리나라도 적어도 교육문제 문화 정책과 관련해서는 중앙이 관여를 최소한으로 하는 것이 옳다고 봅니다. 이를테면 지역의 명문고등학교가 있든지 없든지 그 지방이 선택하도록 해야 합니다. 저는 그 지방이 자신들의 교육철학과 이념에 따라서 인재를 나름대로 키울 권한이 주어져야 한다고 봅니다.

이와 함께 지방 인재를 지역사회에서 많이 활용할 수 있는 제도적 장치를 대폭 강화해야 쇠락해가는 지방을 살릴 수 있는 게 아닌가 하는 생각을 해요.

이동우 _ 경주에서 커왔기 때문에 경주에 대해서 좀 말씀 드리겠습니다. 경주는 그전에는 천 년간 쇠락을 걸어가다

가 박정희 대통령 때 통일 위엄의 도시로 역사를 강화했구
요. 그래서 통일전도 만들어졌고 여러 가지 문화재 복원을
이뤄서 함께 정체성을 바로 찾았다가 최근에 들어서는 수
학여행도 세월호 이후 없어지고, 방폐장을 유치했는데 탈
원전을 한다고 하니 원전산업도 앞길이 캄캄한 상황이 되
면서 경주는 길을 잃은 모습입니다.

　역사교과서에서도 신라 통일의 평가가 예전 같지 않습니
다. 그러다보니 경주는 경제적으로 어려울 뿐만 아니라 정
체성도 굉장히 흔들리고 있습니다.

　경주는 우리나라에서 큰 가치와 의미가 있는 그런 도신데

총리님께는 경주가 어떻게 해야 한다고 보시는지요?

김황식 _ 어쨌든 경주는 그래도 세계적인 역사고도로서 국민들로부터 높이 평가 받는 도시이지 않습니까? 경주가 일시적으로 어렵더라도 천 년의 역사도시로서 정체성을 잃지 않아야 한다고 봅니다.

지금 어렵더라도 경주시민들이 자부심을 우선 가져야 합니다. 경주는 박정희 대통령 덕분에 기본적인 인프라는 되어있는 상황이고 역사여행 제1번의 도시이지요. 자연 풍광은 제주가 1등이겠지만 역사를 생각하면 경주가 1번이라는 자부심이 있습니다.

지진 지역이라는 낭패감이 있겠으나 우리는 그래도 일본이나 이런 데에 비하면 안전하니까 분위기는 다시 돌아오게 마련이고요. 우리나라에서 수학여행을 간다고 하면 경주가 1번지 아니겠어요? 경주는 열패감 대신 어떻게 매력 있는 경주를 만들어가지고 학생들이나 일반 관광객들이 스스로 찾아올 수 있게 하는 그런 유인책을 경주시, 경주시민, 시민단체가 함께 만들어 나가는 노력이 중요하겠다 이렇게 생각해요.

경주는 원전이슈가 있겠는데. 개인적으로는 탈원전이 성급하다 이런 생각을 합니다만 정부가 하려고 할 경우 경주로서 중앙 정부와 협의를 해서 원전을 대체 할 만 한 산업이 있는지, 기회가 있는지, 유치하는 선택을 해야 되겠지요.

이동우 _ 경주에도 자주 오셨습니다만 경주에 대한 느낌이 어떠신지요?

김황식 _ 우선 역사적인 유물 유적을 다른 데서는 볼 수 없는 이런 것이 있고, 또 역사라는 것은 스토리 히스토리가 역사인 것처럼 경주는 경주라는 가치 자체가 있고요. 경주가 가지고 있는 많은 유물 유적 이러한 것들이 나름대로 스토리를 갖고 있는 것이기 때문에 현대 사람들은 역사적으로 신라의 수도였다 뭐 이런 걸 떠나서 스토리 문화, 콘텐츠 이런 것에 대해서 관심을 갖고 그런 것에서 매력을 느끼고 있습니다.

따라서 소위 유적이나 이런 것들을 하드웨어라고 한다면 그 유적이나 유물이 가지고 있는 스토리나 기본 정신, 이런 것들은 소프트웨어로 콘텐츠로 해가지고 문화적으로 잘 발굴하고, 스토리를 만들고, 그렇게 해나가는 노력이 필요할 거라고 봅니다.

요컨대 뭔가 경주만의, 경주만이 가질 수 있는 특색을 잘 살려나갈 수 있는 그런 것을 창조적으로 만들어내는 노력이 필요하다고 봅니다. 가령 제주가 오늘 자연 풍광도 아름답지만은 최근 들어서 올레길이라는 것을 만들어가지고 그걸로 인해서 많은 관광객들을 끌어들이지 않습니까? 근데 그거는 아이디어거든요. 그런 아이디어를 잘 발굴하는 노력이 필요하겠습니다.

제가 경주에 가서 최근에 느낀 것 중에 하나가 실크로드와 특화해서 연결시키는 그런 발상을 통해서 경주세계문화엑스포를 하고, 특화해서 이후에도 경주의 가치를 알리는 그런 노력을 보았습니다. 아주 훌륭했습니다. 그런 게 없었으면 조금 더 밋밋하고 단조로웠을 것 같다 라는 생각이 드는데요. 앞으로 전문가들을 모셔서 더 창의적인 것을 내놓으면 경주는 아주 각광을 받을 것입니다.

이동우 _ 경주는 역사 해석에서도 밀리고 있습니다. 과거에는 신라통일을 우리 민족의 출발점이었다는 말이라든지 정체성이라고 이야기 되어 왔는데, 최근에는 고대사에 대해서도 좀 재해석이 달라져서 남북국시대라고 배웁니다.
김황식 _ 그렇다고 해서 경주가 가지고 있는 가치가 어디로 가겠어요? 길게 보면 경주는 결코 흔들리지 않습니다.

이동우 _ 경주가 나름 중요한 도시인데 경주에 정치적으로 나 경제적으로나 새로운 국면에 있는 거 같습니다.

김황식 _ 그래도 물론 이제 산업화 시대에 포항으로 울산으로 빨려나가고 경주가 상대적으로 쇠락을 했지만, 그러나 경주는 쉽게 뺏기지 않을 역사와 관련된 가치가 있는 곳입니다. 그러니 다른 도시와 비교하지 말고 어떻게 하면 더 경주다운 바람직한 방향으로 채워나갈 것인가 하는 것을 고민해야한다고 봅니다.

경주는 어쨌든 우리나라의 다른 지방 어느 곳보다 더 모든 면에서 상대적으로 좋은 콘텐츠를 가지고 있는 곳이기 때문에. 어렵지만 얼마든지 다시 일어설 수 있다는 자신감이 깔려있는 도시입니다.

이동우 _ 밖에서 경주를 보면 그렇게 낙관적인 측면이 많다는 것을 새삼 느끼게 해 주시는 말씀입니다.

김황식 _ 요즘 보면 그래도 황리단길, 그런 곳에 사람들, 특히 젊은 사람들이 몰려오고 그런다는데….

이동우 _ 황남의 황리단길 이야기 들으셨군요.

김황식 _ 이렇듯이 경주는 그래도 상대적으로 다른 데에 비

교하면 결코 의기소침하거나 할 도시가 아니지요. 경주가
의기소침하면 대한민국은 힘내서 할 곳이 그렇게 많지 않
아요.

경주 보문단지만 해도 대규모 국제회의를 할 수 있는 곳
이지만 다른 지역은 도청소재지라도 국제회의를 못하는 도
시가 태반입니다. 경주는 다른 지역에서 보면 복 받은 곳입
니다. 지혜를 경주 안에서는 물론 나라 안에서 세계적으로
구하면 경주는 얼마든지 다시 새롭게 됩니다. 신라 천 년의
콘텐츠도 실크로드를 따라서 서역에서 왔듯이 세계적으로
안목을 넓히면 경주는 길이 많습니다.

그런 점에서 이스탄불이나 호찌민과 손잡고 경주세계문화엑스포를 연 것은 정말 돋보이는 것이었습니다. 이런 방향으로 나아가면 지진 정도는 얼마든지 극복됩니다. 일본이 좋은 사례이지요. 일본이 할 수 있는 것을 우리가 경주가 못할 수가 없지요.

이동우 _ 특별히 경주를 위해 귀한 말씀해주셔서 감사합니다.
김황식 _ 감사합니다.

경주, 읽기를
기리로

지은이 | 이동우

발행 | 2018년 3월 10일

펴낸이 | 신중현
펴낸곳 | 도서출판 학이사
출판등록 | 제25100-2005-28호

대구광역시 달서구 문화회관11안길 22-1(장동)
전화_(053) 554-3431, 3432   팩시밀리_(053) 554-3433
홈페이지_http://www.학이사.kr
이메일_hes3431@naver.com

ISBN_979-11-5854-125-5   03330